AF283155

«Si los libros pudieran escribir, [los manuscritos] hablarían de andanzas dignas de Sindbad»

A. Cameron

Simone Beta

Yo,
un manuscrito

Autobiografía de la *Antología Palatina*

Traducción y notas de:
Josep Antoni Clúa Serena y Guillermo Galán Vioque

EDICIONES UNIVERSIDAD DE NAVARRA, S.A.
PAMPLONA

Cupón para la Biblioteca Virtual

Accede a la versión eBook de este título por solo **1,99 €**. Con la compra de este libro puedes utilizar el siguiente cupón para la lectura en *streaming** desde la Biblioteca Virtual. **Sigue estas instrucciones** para visualizar tu libro:

1. Diríjete a la web de la Biblioteca Virtual en **https://ebooks.eunsa.es**.

2. En la web ve a **Iniciar sesión** e introduce tu email y contraseña. Si no estás registrado, deberás completar el proceso en **Registrarse**.

3. Tras registrarte, accede a la página del libro o lee el QR de esta página. Bajo el precio podrás **insertar el código oculto en el siguiente cupón** para activar la promoción.

Despegue para visualizar

Acceso directo al eBook

Canjéalo en ebooks.eunsa.es

*Con acceso a internet desde cualquier navegador.

© 2026. Simone Beta
Ediciones Universidad de Navarra, S.A. (EUNSA)
Campus Universitario, Universidad de Navarra
31009 Pamplona, España
www.eunsa.es

© 2017. Carocci editore S.p.A., Roma
https://www.carocci.it/

Título original: *Io, un manoscritto. L'Antologia Palatina si racconta.*
Traducción y notas: Josep Antoni Clúa Serena y Guillermo Galán Vioque
Diseño editorial: Fregi e Majuscole, Torino

Imprime: Podiprint

ISBN 978-84-313-4107-7
DL NA 211-2026

Índice

Nota de los traductores[1]

Con esta traducción del libro del profesor de la Universidad de Siena Simone Beta, que ya ha sido traducido al francés (Simone Beta, *Moi, un manuscrit. Autobiographie de l'Anthologie Palatine, traduit de l'italien par Thomas Penguilly*, París, Les Belles Lettres, 2019), pretendemos acercar al público hispanohablante la historia de un manuscrito que sirve para ilustrar no solo las casualidades que nos permiten hoy día disfrutar de los epigramas griegos, sino también de qué forma tan azarosa y sutil se nos ha transmitido la cultura de la Antigua Grecia hasta nuestros días.

El epigrama es un género literario que, por la brevedad que lo caracteriza, suele transmitirse en antologías. Este libro trata sobre las peripecias de la antología más importante de todas cuantas nos han transmitido los epigramas griegos, que, por su estancia en la Biblioteca Palatina de Heidelberg, donde fue redescubierta a finales del siglo XVI y principios del XVII, suele conocerse como *Antología Palatina*, si bien hoy día se encuentra dividida entre Heidelberg y París.

Este antiguo códice es, en realidad, una antología de antologías. De forma autobiográfica el lector verá cómo el propio manuscrito nos narra las vicisitudes por las que pasó, circunstancias a veces difíciles que se deben a su devenir por multitud de países, culturas y bibliotecas.

En nuestra traducción hemos respetado fielmente el original, añadiendo abundantes notas complementarias, con las que pretendemos ampliar la información que nos aporta la narración del autor, así como facilitar información bibliográfica actualizada.

Josep Antoni Clúa Serena
Universidad de Lleida

Guillermo Galán Vioque
Universidad de Huelva

I

Nací en Constantinopla
en torno al año 950 d. C.

Nací en Constantinopla en torno al año 950 d. C. No sé el nombre exacto de mi padre, aunque no ignoro que hubo muchos hombres que contribuyeron de diversas maneras a mi nacimiento. Pero sé quién era mi madre: un animal (una novilla, una oveja o una cabra) que, al morir, dejó su suave piel a los hombres para que mis muchos padres pudieran escribir en ella, cada uno con su lápiz con punta de metal sumergido en tinta bastante oscura tomada de la hiel, los textos preciosísimos que llevé conmigo hasta vuestros días, a vosotros que apenas habéis comenzado a leer la historia de mi vida, hasta los días en que vosotros habéis comenzado precisamente ahora a leer la historia de mi vida[2].

Soy un manuscrito, naturalmente; para ser precisos, el manuscrito que contiene la *Antología Palatina*, una colección de epigramas.

Pero antes de explicaros qué es esta antología (y sobre todo qué son los epigramas), me gustaría mucho que supierais el nombre de uno de mis antepasados, mi abuelo, o quizás (pero no lo creo) mi tatarabuelo, que dedicó toda su vida a que yo viera la luz.

Su nombre era Constantino, nombre que era muy común en mi ciudad natal, por razones que no son difíciles de entender. Cuando aún era niño, alguien lo apodó Céfalas[3], porque tenía la cabeza grande, y desde entonces se convirtió en Constantino Céfalas, es decir, «Constantino el *Cabeza grande*». Como muchos de sus compañeros, había estudiado literatura griega y era un apasionado de la poesía. Y entre todos los numerosos géneros poéticos que cultivaron los antiguos griegos, Constantino concibió una gran pasión por una forma expresiva muy particular: el epigrama.

El género que estaba de moda en aquellos años en Constantinopla era —siempre lo había sido— la poesía épica. La epopeya significaba Homero, significaba la *Ilíada* y la *Odisea*, que eran los textos obligatorios para todos los que hablaban griego, un programa escolar preestablecido del que ningún joven estudiante podía escapar. Las tragedias y las comedias también tuvieron mucho éxito: en la escuela se leyeron, estudiaron y comentaron las obras de Esquilo, Sófocles y Eurípides, sin olvidar las de Aristófanes, todas ellas escritas en verso. Pero los epigramas, cabe decirlo, interesaban a pocos. Quien ama las descripciones de batallas, la celebración de un guerrero valiente, las aventuras de un héroe astuto, el monólogo de un actor en el escenario, los elogios de un pugilista que había vencido en los Juegos Olímpicos (como uno de los muchos atletas cantados por Píndaro en sus epinicios), ¿qué hace con un poema breve, muy breve, a veces de solo unos pocos versos, que originalmente fue grabado en un objeto? Como por ejemplo los tres versos que se pueden leer en los fragmentos de una copa encontrada en la isla de Isquia[4]:

«Soy la copa de Néstor, que facilita el beber:
quien beba de esta copa será inmediatamente tomado
por el deseo de Afrodita de hermosa corona».

¿Qué hacer con una poesía que antiguamente se grababa en los pies de una estatua? Como por ejemplo los versos grabados en el pedestal de una estatua, que representa al famoso poeta griego Anacreonte:

«Lo que estás contemplando es la estatua de Anacreonte, el viejo
poeta de Teos, que nunca se ha cansado de cantar ambos amores,
los de los chicos y los de las chicas. Con los ojos pesados por el vino,
llevo las marcas de las noches de insomnio pasadas en juerga?».

O, de nuevo, ¿qué hacemos con un poema que, en los tiempos más remotos, estaba grabado en una lápida para recordar al difunto que allí había sido depositado, como por ejemplo:

«Esta es la tumba del adivino Megistías, que los persas
condenaron a muerte cuando cruzaron el río Esperqueo.
Era un adivino, es cierto: pero, a pesar de estar seguro de que se
acercaba su muerte, no quiso abandonar a los líderes espartanos».

A mí, sin embargo, me gustan los epigramas. Cierto, quizás no debería ser yo quien lo diga, porque estoy involucrado en primera persona, pero incluso en un pequeño epigrama se puede esconder mucha poesía. Al fin y al cabo, los griegos también lo habían entendido: cuando comprendieron que ese particular género de composiciones poéticas, nacido a mediados de la época clásica, entre el siglo V y el IV a. C., podía ser utilizado no solo para describir un objeto, o para titular una estatua, o para recordar a un muerto, sino también para hacer otras cosas —como, por ejemplo, expresar sentimientos como el amor y la amistad, o reflexionar sobre la vida y la muerte, o contar una historia o describir un cuadro— entonces los griegos comenzaron a escribir cada vez más, compitiendo entre ellos por ver quién los escribía de manera más elevada o más ingeniosa, porque se pueden decir muchas cosas incluso con pocas palabras.

En pocas palabras, estos eran los poemas que tanto le gustaban a mi abuelo Constantino Céfalas.

El amor por la literatura fue su profesión y su vida entera. Una vez completados sus estudios, se convirtió en maestro de escuela en la *Néa Ekklesía* («Nueva Iglesia») que el emperador Basilio I había construido en la segunda mitad del siglo IX d. C.[5]. Aquí Constantino tuvo la suerte de trabajar codo con codo con un colega mayor, Gregorio de Campsa[6], que tenía una pasión un tanto curiosa: cuando no tenía qué enseñar, guardaba sus cosas en un pequeño equipaje y se marchaba de viaje. Esto le llevó sobre todo a Grecia, pero también a las costas de Asia Menor, recogiendo y transcribiendo las inscripciones que encontraba en monumentos o tumbas. Luego, alrededor del año 915, Constantino decidió dejar la enseñanza y se convirtió en *protopapa* (palabra que significa «arcipreste») del palacio del emperador.

Sin embargo, mientras todavía era profesor, es decir en los últimos años del siglo IX, durante las horas libres que le dejaba su profesión, Constantino se había dedicado en cuerpo y alma a la realización de un proyecto muy ambicioso. Aprovechando su profundo conocimiento de las principales bibliotecas religiosas de Constantinopla, había logrado hacerse con las colecciones más antiguas de epigramas griegos, algunas de las cuales habían sido recopiladas más de mil años antes, hacia mediados del siglo I a. C. (pienso en particular en la más antigua de todas, la colección de Meleagro de Gádara, que en su introducción había comparado a cada poeta con una flor, Calímaco con el mirto, Asclepíades con la anémona, Leónidas con la hiedra, etc.)[7].

Constantino había tomado lo mejor no solo de esa antología sino también de las otras, compuestas, poco después, por Filipo de Tesalónica, Rufino y Diogeniano de Heraclea (todos ellos vivieron en los primeros siglos del Imperio Romano), también descubiertas, ellas mismas, en los polvorientos estantes de tal o cual monasterio. Como Meleagro, Filipo también había comparado a los poetas con las flores: Filodemo con la mejorana, Eveno con el laurel, Crinágoras con el corymbo[8].

Fue mucho más fácil para Constantino encontrar las colecciones más recientes, que aún circulaban entre los eruditos: en Constantinopla, por ejemplo, se leía todavía la antología compilada por Páladas (un colega suyo, porque él también era un maestro de escuela —aunque mucho más pedante— que vivió en Alejandría de Egipto en el siglo IV d. C.)[9]; lo mismo se podía decir, con mayor razón, de los epigramas recopilados por Agatías[10] en la última de estas antologías, que se compiló antes de que el emperador Justiniano tomara en el 527 la decisión de cerrar la escuela filosófica de Atenas —una fecha que ha permanecido en la historia, porque por convención se dice que a partir de ese año se acabó la literatura griega y comenzó la bizantina.

Por tanto, yo provengo de todas estas antologías, recopiladas por mi abuelo Constantino y escritas en un manuscrito que fue copiado de nuevo, corregido, modificado e integrado —un manuscrito que, tras las numerosas peripecias que están por leer, ha llegado hasta ustedes.

Un hombre que ha estudiado a fondo mi complicada historia y mi larguísima vida, un alemán llamado Karl, nacido en los límites de la Selva Negra en 1883, ha logrado distinguir (gracias a sus diferentes caligrafías) mis numerosos «padres», dándoles un nombre simbólico: al primero lo llamó A; a otros tres (que eran muy similares entre sí) los llamó B1, B2 y B3; a otro lo llamó C, mientras que al último, el más reciente de todos, le dio el nombre de J.

Pero, ¿quiénes son estos que yo llamo mis genitores o padres? Ya lo dije antes, pero creo que es oportuno repetirlo: son los monjes bizantinos que copiaron todos los epigramas que se leen en las seiscientos sesenta y dos páginas que me componen. Si los primeros cuatro (los copistas indicados con las siglas A, B1, B2 y B3) se limitaron a copiar, más o menos fielmente, el manuscrito original de Constantino, los otros dos hicieron algo más. Detrás de la sigla C se oculta un personaje desconocido que intervino sobre mí, a través de adiciones y correcciones, usando otra copia del manuscrito de Constantino hecha por un tal Michel Cartofílax, una figura misteriosa que, como indica su apellido, era notario o archivista de profesión.

Al último de estos últimos «padres» (indicado por la sigla J), otro estudioso, un inglés llamado Alan, que murió en 2017 y que ha sido profesor en la Universidad de Nueva York durante muchos años, ha sido incluso capaz de darle un nombre. Según Alan (pero no todos sus colegas piensan igual), detrás de la sigla J se escondería un intelectual que, en su tiempo, gozaba de cierta fama: nació en Rodas, en la ciudad de Lindos, y se llamaba (como mi abuelo) Constantino; escribió poesías y también fue secretario del emperador Constantino VII porfirogéneta[11].

A través de todos estos pasajes, gracias a la intervención de todas estas manos (sobre todo las de Constantino de Rodas, que fue, en definitiva, mi editor, si se me permite usar un término que en el siglo X en Constantinopla nadie hubiera entendido), la antología de epigramas reunida pieza a pieza por Constantino Céfalas se ha transformado en lo que soy ahora: un objeto que, aunque no sea precioso en sí, se ha vuelto cada vez más valioso con el paso del tiempo —aunque, en el fondo, soy solo un polvoriento documento de casi veintiséis centímetros de alto y casi dieciocho de ancho (para ser precisos: 25,7 x 17,6 cm), es decir, dimensiones que, usando el lenguaje de la biblioteconomía, me convierten en un volumen «*in quarto*» (porque las hojas utilizadas para mi constitución han sido dobladas dos veces, de modo que se obtuvieron cuatro hojas más pequeñas, para un total de ocho páginas).

No soy mucho más grande que un libro de bolsillo, por lo tanto —pero no estoy hecho para ser hojeado con demasiada frecuencia, ya que, si alguien me abriera, correría el riesgo de terminar mal, rompiéndome incluso.

¿Por qué me he definido como «precioso»? No vayáis a pensar en el valor económico (que yo, sin embargo, probablemente tengo): quien tenga la suerte de poseerme nunca me venderá, a ningún precio, y por lo tanto no es posible hacer una estimación precisa de lo que se podría ganar con una posible venta mía. Hablo de un valor muy diferente —que, si fuera presumido, podría definir «cultural»: los textos que están custodiados dentro de mí son, en su gran mayoría, únicos. Si no hubiera nacido, nadie los habría conocido nunca y se habrían perdido para siempre.

Por el momento contentémonos con esto: mi abuelo Constantino, sus fuentes, mi nacimiento, mis numerosos padres, mi inestimable contenido. Es un buen punto de partida para hablar del resto de mi vida, empezando por mi juventud despreocupada.

2

Pero quizás sea mejor que primero les cuente qué tenía en mente Constantino

Pero posiblemente sea mejor que primero les narre qué tenía en mente Constantino. Tras reunir todos los epigramas y decidir cuáles copiar en su antología y cuáles no, se enfrentó a un problema que no era fácil de resolver. ¿Cómo debía organizarlos? ¿Qué criterio debía seguir?

Algo de lo que Constantino era perfectamente consciente era de que ninguna de las soluciones adoptadas por las antologías más antiguas le resultaría provechoso, ya que cada una de ellas contenía un número de epigramas muy inferior a los que formarían parte de su antología, pensada y diseñada para ser mucho más rica. Le pareció bien seguir un criterio diferente, más funcional a la magnitud de su colección. En concreto, Filipo de Tesalónica había clasificado los epigramas en orden alfabético según la primera letra del primer verso: ciertamente, en sí mismo era un criterio válido, que tenía su utilidad si se trataba de una colección limitada. Pero, ¿cuál sería la ventaja de organizar más de tres mil setecientos epigramas siguiendo un criterio tan mecánico?

Convenía cambiar de perspectiva, y Constantino, que era todo menos un ingenuo, lo hizo. Dado que el objetivo principal de su antología era didáctico (eran sus estudiantes para quienes había recopilado con paciencia todo ese material poético), pensó que sería mucho más útil organizar los epigramas de manera temática. Así, Constantino identificó en primer lugar los temas en torno a los cuales agruparía las poesías: el amor y la muerte, los relatos y descripciones, las dedicatorias y los buenos augurios, los brindis y las bromas. Y así dedicó un libro de su antología a cada uno de estos temas.

En primer lugar, puso los epigramas que celebraban el amor, pero no un amor cualquiera: el que encontramos en las poesías recopiladas en esta sección es el amor que, según los principios de la moral cristiana, une al hombre con la mujer, es decir, el amor heterosexual. A esta sección (que de ahora en adelante llamaremos «libro», para usar la misma terminología de los antiguos), Constantino le hizo seguir la que recoge los epigramas votivos, es decir, las dedicatorias que acompañaban un objeto ofrecido como regalo a una divinidad; luego puso los epigramas funerarios (los epitafios); después reunió los epigramas llamados epidícticos, un término de significado controvertido (generalmente traducido como «demostrativos») que parece indicar los epigramas que representan un hecho o una situación; luego volvió a agrupar en otro libro los epigramas exhortativos.

Después de estos temas relativamente serios, Constantino pasó a temas más ligeros: los dos libros siguientes incluían los epigramas simposíacos (que alaban el vino) y los epigramas satíricos (que se burlan de los defectos físicos de las personas —los delgados y los gruesos, los altos y los bajos— y se ríen de ciertas categorías de personas —los abogados, los médicos, los atletas, los profesores de gramática, las mujeres, e incluso los poetas). Después del libro de los epigramas satíricos, Constantino incluyó un libro que contenía otros epigramas eróticos, aquellos que narraban el amor homosexual, en su mayoría provenientes de la obra de un poeta de Sardes llamado Estratón[12]. Como colofón de estas secciones más o menos definidas, mi abuelo colocó otros dos libros algo diferentes de los demás: el primero contenía los epigramas que estaban escritos en una forma métrica distinta de la que generalmente se usaba para este género poético particular (el dístico elegíaco), mientras que el segundo estaba dividido en tres secciones más o menos iguales, que contenían problemas matemáticos, oráculos y enigmas.

Tras repartir de este modo la mayor parte del material, Constantino se dedicó a cuidar los detalles. Para guiar a sus lectores en la lectura de una obra tan compleja, decidió escribir algunas breves introducciones a cada libro para explicar cuáles eran los temas tratados. Al libro que, en su propósito, tenía la tarea de abrir la antología, es decir, al libro dedicado al amor heterosexual, le precedió un breve poema (compuesto por él mismo) en el que afirmaba que, para encender en el corazón de sus estudiantes un cálido amor por la sabiduría, había decidido comenzar con Eros, el dios del amor:

«Para atizar la llama de la sabiduría
en el corazón de los jóvenes,
pondré a Eros al principio de mis poemas:
puesto que Eros enciende el fuego con sus palabras».

En cuanto al libro «gemelo», es decir, la colección de epigramas dedicados al amor homosexual, la *Musa* de Estratón consagrada al atractivo suscitado por los chicos, lo definió como una especie de broma que el poeta de Sardes había dedicado a sus amigos, no con la intención de aconsejar un comportamiento específico en materia amorosa, sino solo para suscitar el placer de sus lectores. Después de todo —había añadido Constantino, citando a un poeta trágico— «en los textos poéticos el pudor no sufre ataques»[13].

Para presentar el sexto libro, dedicado a los epigramas votivos (ofrendas que los antiguos hacían a las divinidades para obtener algo a cambio), Constantino deseó al lector que viera cumplidos sus deseos; el objetivo del séptimo libro, los epigramas funerarios, era abordar un tema capaz de suscitar la emoción del lector; las características de los epigramas demostrativos, a los que estaban muy aficionados los poetas antiguos, eran «el desarrollo de una explicación o la narración de eventos realmente sucedidos o solo imaginados»; los epigramas que exhortaban a cumplir con los deberes no solo generaban placer en quienes los leían, sino que también proporcionaban un beneficio, ya que indicaban tanto el momento como el lugar apropiado para llevar a cabo una determinada acción.

Y así sucesivamente: la sección dedicada a los epigramas simposíacos se basaba en las chanzas y consejos que los hombres se intercambian entre sí durante un banquete, mientras que la sección dedicada a los epigramas satíricos contenía el resultado de una de las costumbres humanas más típicas, ya que «los hombres tienen la costumbre de burlarse de los demás o de escuchar a alguien que se burla de otro».

Finalmente, en lo que respecta al libro de problemas matemáticos, enigmas y oráculos, Constantino escribió que contenía una serie de poemas que tenían como objetivo ejercitar a los estudiantes muy diligentes, para que supieran cuáles eran las materias que los jóvenes estaban obligados a aprender en los tiempos más antiguos[14].

Tal era muy probablemente la idea inicial de mi abuelo Constantino. Sin embargo, a lo largo de su trabajo, decidió introducir algunos cambios significativos. Comenzar de inmediato con los epigramas eróticos era sin duda una idea genial: un editor de nuestros días no tendría dudas sobre este tema. Pero Constantino no enseñaba en California, en la Universidad de Berkeley, a finales de los años sesenta del siglo XX, en pleno auge del movimiento hippie: era un profesor que enseñaba en una escuela religiosa, en Bizancio, en el siglo X (y que, además, esperaba hacer carrera en ese mismo ambiente —de hecho, terminó convertido en el arcipreste del palacio del emperador), así que no podía dejar de lado los escrúpulos religiosos que pesaban sobre todos los intelectuales de su tiempo.

Por ello (tras largas y sesudas reflexiones, imagino) decidió colocar al comienzo de su colección un libro de epigramas cristianos, en su mayor parte anónimos. Y, quizás para retrasar aún más la sección erótica (que de todos modos habría gustado mucho a sus jóvenes estudiantes), Constantino decidió colocar inmediatamente antes de este otro libro, esta vez mucho más breve, que contenía las introducciones poéticas de tres de las antiguas antologías de epigramas de las que se había servido, como una introducción general al volumen entero. Y así, los epigramas eróticos están precedidos, además de por los epigramas cristianos, no solo por las dos «coronas» de Meleagro y Filipo (así llamadas porque, como hemos visto, cada uno de los poetas contenidos en las dos antologías fue comparado con una flor), sino también por el «ciclo» de Agatías.

Este último se comportó de manera diferente a Meleagro y Filipo, porque se presentó a sus lectores como un cocinero que había preparado un abundante banquete compuesto por varios platos, correspondientes a algunos de los epigramas compuestos por sus contemporáneos (que eran poetas que vivieron, como él, en Constantinopla):

«Vine a prepararles un banquete compuesto de platos y sabores nuevos. Dado que, oh señores míos, no es posible que el alimento necesario provenga solo de mí, convencí a muchos otros poetas para que participaran en mi esfuerzo, colaborando en mis gastos, para brindarles una mejor hospitalidad (...) Pero de cada uno de mis colaboradores tomo una ínfima porción, suficiente para una prueba: si alguno de ustedes quiere obtener también el resto para saciarse completamente, que sepa que deberá ir a buscarlo al mercado».

Entre el libro «homosexual» y el «enigmático» (que en sus intenciones debía constituir una conclusión algo *sui generis* a la recopilación completa) decidió finalmente colocar otro libro (muy breve, de solo treinta y un epigramas) que contenía una serie de poemas en metros variados.

Este era, en términos generales, el plan de la edición diseñada por Constantino Céfalas —al menos esto es lo que supongo, puesto que los estudiosos que durante todos estos años se han ocupado de mí no siempre están de acuerdo al respecto. Sin embargo, si no soy exactamente como él me quiso, se debe atribuir al hecho de que aquellos que han puesto sus manos sobre mí (y no hablo solo de los simples copistas A, B1, B2, B3 y C, sino que me refiero especialmente a Constantino de Rodas, es decir, a J) han modificado, y no poco, su proyecto original.

Si uno observa de cerca mi contenido actual, descubre que entre el libro con los epigramas cristianos y el de las introducciones poéticas hay, de hecho, otros dos: un libro (que resulta ser por tanto el segundo) contiene la descripción de las estatuas que adornaban el *gimnasium* público de Constantinopla (obra de un poeta egipcio llamado Cristodoro, que vivió entre los siglos V y VI d. C.)[15]; el otro (que resulta ser por tanto el tercero) contiene diecinueve epigramas anónimos que describen los diecinueve relieves que decoraban las columnas de un templo en Cízico, en el Helesponto. ¿Quién puso estos dos libros en esta ubicación? ¿Fue Constantino Céfalas? ¿O su homónimo de Rodas? Ni siquiera yo lo sé. Todo lo que sé es que, de este modo, el libro con las tres antiguas introducciones ha terminado convirtiéndose en el cuarto, mientras que el libro con los epigramas amorosos se ha vuelto el quinto.

Pero esto no es todo. Alguien (probablemente Constantino de Rodas, aunque no estamos seguros de ello) ha insertado después del libro con los epitafios (que a raíz de todos estos movimientos había terminado convirtiéndose en el séptimo) otra colección de poesías cristianas, escritas en su totalidad, en esta ocasión, por un único autor, san Gregorio Nacianceno, uno de los Padres de la Iglesia[16].

Que Constantino de Rodas ha sido el responsable de la inserción de otro libro que contiene alrededor de cincuenta «poemas mixtos» (que es el título del libro) es en cambio algo seguro —aunque solo sea por el hecho de que dentro de este libro hay tres epigramas escritos por él[17]. A Constantino de Rodas, por lo tanto, le debo mucho: sin la intervención de este personaje bizarro y extraño, que tenía un carácter difícil (¡basta ver con qué términos critica la paráfrasis poética del relato evangélico de la resurrección de Lázaro escrito por uno de sus contemporáneos, un tal Cometas!), yo sería muy diferente a como soy.

Este último libro, junto con el que contiene las poesías de Gregorio Nacianceno (que actualmente es el octavo), ha llevado el total de libros a quince. Estos habrían sido dieciséis si los epigramas simposíacos y satíricos se hubieran mantenido separados, como estaba en el proyecto original de Constantino Céfalas; sin embargo, dado que alguien (¿Constantino de Rodas? La respuesta sigue siendo la misma: es probable) los ha unido y han terminado por constituir el undécimo.

Este es, en resumen, el producto del trabajo de mi abuelo (doce libros) con las modificaciones editoriales, realizadas en los años inmediatamente posteriores, que han llevado a la adición de cuatro nuevos libros (los actuales segundo, tercero, octavo y decimoquinto) y a la fusión de dos libros (los epigramas simposíacos y satíricos, unidos en el undécimo). A esta estructura fundamentalmente unitaria, el mismo «editor» que ha operado todos estos cambios (Constantino de Rodas: esto es lo que se nota por su escritura, que tenía un rasgo muy característico) ha añadido, al principio y al final, otras obras más breves, que han dado a mí el aspecto definitivo que, tras todas las vicisitudes que he tenido que enfrentar (y que comenzaré a explicaros a partir del final del próximo capítulo), todavía poseo en este momento.

3

Durante siglos nunca me moví de Constantinopla

Durante siglos nunca he dejado Constantinopla. Viví una vida tranquila en la biblioteca que me custodiaba —una biblioteca pequeña, afortunadamente, la de un monasterio, porque si hubiera acabado en la gran biblioteca imperial fundada por Constancio II en el siglo IV, habría tenido un mal final (como veréis en breve)[18].

Salía raramente de los estantes, y solo para ser tomado por algún monje, que me hojeaba, intrigado por mi contenido que, probablemente, no encontraba en ningún otro lugar y que le parecía digno de interés. En aquel tiempo aún no existían los catálogos impresos, y tampoco existía la red con sus catálogos en línea siempre al alcance: quien buscaba algo específico solo podía preguntar a los expertos del sector (que eran muy pocos) o, en la mayoría de los casos, dejarlo al azar.

No sabría decir cuáles eran los aspectos de mí que interesaban más a mis lectores ocasionales. Se pueden hacer tantas hipótesis... Con todo, la que personalmente prefiero (aunque reconozco que es quizás un poco extrema) es esta: dado que a partir del siglo XI los bizantinos comenzaron a concebir una pasión cada vez más grande (por no decir loca e insana) por los juegos de palabras, me gusta pensar que la necesidad de componer breves acertijos enigmáticos en verso, en los cuales las soluciones eran palabras que perdían progresivamente su primera letra, fue provocada por la lectura de análogos epigramas enigmáticos contenidos en mi interior. Para entender de qué estoy hablando, leamos juntos un epigrama mío que se encuentra en el decimocuarto libro:

> «Soy una parte del cuerpo de los seres vivos cercana a la tierra;
> si me quitas una letra, me convierto en una parte de la cabeza;
> pero si me quitas otra, seré, de nuevo, un animal; y si me quitas
> otra más, no encontrarás una cosa sola, sino doscientas».

Las cuatro soluciones son las siguientes: la parte del cuerpo que está cerca del suelo es el pie, que en griego se dice «*pous*»; una de las partes de la cabeza es la oreja, que en griego se dice «*ous*»; un animal que los griegos conocían bien (y comían con gusto) es el cerdo, que en griego se dice «*us*»; la letra griega que indicaba el número doscientos (al igual que los romanos, los griegos utilizaban los mismos signos para representar tanto las letras como los números) es la sigma, es decir, la «s». Simpático el juego, ¿no? Una vez comprendido el truco, se puede crear una serie infinita de acertijos similares, como por ejemplo este (que he imaginado en este mismo momento):

> «Soy el gran patriarca que ha provocado el cisma entre Oriente
> y Occidente; si me quitas la primera letra, me convierto en el
> padre de los vicios; pero si me quitas también la segunda letra,
> me convierto en el hermano de mi padre; si me quitas también
> la tercera letra, me convierto en el padre de mis hijos; y si me
> quitas también la cuarta letra muestro todo mi estupor».

¿Han podido resolverlo, o les parece demasiado difícil? El patriarca que fue uno de los responsables del cisma que aún separa a la iglesia ortodoxa de la católica, el gran intelectual que desapareció cuando, siendo niño, mi abuelo Constantino comenzaba a aprender los primeros rudimentos de la lengua griega, se llamaba Focio; el «padre de los vicios» es el ocio (es decir, «Focio» sin la primera letra); el hermano de mi padre es mi tío (es decir, «Focio» sin las dos primeras letras (en italiano); el padre de mis hijos soy yo, por supuesto (es decir, «Focio» sin las tres primeras letras, también en italiano); la letra que expresa la sorpresa y el asombro es la letra «o» (es decir, «Focio» sin las cuatro primeras letras).

Con todo, para ser sincero, no creo que esta fuera la razón más importante, ni mucho menos la única. Si tuviera que identificar un motivo más serio, diría que despertaba interés porque en los años que precedieron a mi nacimiento surgió en mi ciudad un repentino amor por la cultura griega antigua —y, de esa cultura, las poesías que custodiaba dentro de mí eran una parte nada despreciable.

Constantinopla no venía de un período feliz. Durante más de un siglo, desde el 726 hasta el 843, el Imperio fue sacudido por las violentas luchas entre los iconoclastas, que prohibían la veneración de las imágenes sagradas, y aquellos que se oponían a esta prohibición. Incluso algunos manuscritos muy valiosos, sobre todo los miniados[19], que habían sido decorados por los copistas con un gran savoir-faire artístico, mezclando el oro con los más bellos colores naturales, fueron destrozados por la furia de los destructores de imágenes. Pero veinte años después del final de la iconoclasia, en 863, Bardas, que era el hermano de la emperatriz Teodora[20], pero que de hecho sostenía las riendas del imperio bizantino, fundó en Constantinopla una nueva universidad; no contento con eso, también inauguró una escuela pública, abierta a todos y además gratuita, en el Palacio de la Magnaura.

El rector de esta universidad, que se llamaba León, era un filósofo y un matemático[21]; entre los profesores había geómetras como Teodoro, astrónomos como Teodegio y gramáticos como Cometa (sí, el mismo del que se había burlado Constantino de Rodas). Tras ellos estaba Focio, la figura que acabo de recordar —gran patriarca, sin duda, pero también un grandísimo hombre de cultura, que con su ejemplo había contribuido a reforzar en los bizantinos de su tiempo la pasión por la literatura griega, empujando a muchos de ellos a estudiar a los autores antiguos.

Este amor repentino había contagiado todo el Imperio, llegando hasta sus regiones más orientales. Incluso en la lejana Capadocia, en Cesarea, en el corazón de Anatolia, había un arzobispo llamado Aretas, que había reunido un gran número de libros valiosos, pidiendo a copistas de profesión que transcribieran los manuscritos más antiguos (que, por su edad, se estaban deteriorando inexorablemente) en volúmenes nuevos, destinados a sobrevivir más tiempo[22].

Para ahorrar espacio y consumir menos pergamino, en esos años se había incluso inventado una nueva escritura, en caracteres minúsculos, que había ido tomando gradualmente el lugar de la antigua, que era en caracteres mayúsculos. Pero el corazón de este renacimiento fue sin duda Constantinopla. Cuando mi abuelo Constantino comenzó a recopilar los epigramas que forman mi contenido, en el trono estaba Constantino VII Porfirogénito, un emperador erudito que escribió muchos tratados de política basándose en fuentes históricas que luego se perdieron; en el siglo siguiente, el undécimo, durante el reinado de Constantino IX Monomaco, la universidad recibió una nueva estructura organizativa, con una facultad de derecho (anterior, por lo tanto, a la más famosa facultad de jurisprudencia fundada al otro lado del Adriático, en Bolonia) y una de filosofía, que fue confiada a Miguel Pselo[23], otro gran intelectual bizantino, donde también se enseñaban otras disciplinas como gramática, retórica y, por supuesto, literatura. De aquí salían los monjes que venían a mi biblioteca a consultarme —y, de todos los monjes que en esos años me tuvieron entre sus manos, recuerdo muy especialmente a uno, el único que no se limitó a hojearme, sino que también miró con extrema atención mi contenido, transcribiendo quizás (aunque no estoy seguro de ello) algunas de mis poesías.

Lo recuerdo bien porque vino a verme dos veces: la primera, alrededor de 1280, cuando aún era joven, quizás todavía un novicio; la segunda, unos veinte años después, cuando ya era adulto. Se llamaba Manuel Planudes, pero, como era costumbre para quienes elegían la vida monástica, cambió su nombre por el de

Máximo[24]. Venía del monasterio de San Salvador en Chora y estaba destinado a grandes cosas en el mundo de la cultura —como yo había podido intuir por el cuidado afectuoso que mostraba al manejarme, por la extrema delicadeza con la que me abría, atento a no romper las frágiles encuadernaciones, por la premeditada lentitud con la que me posaba sobre un cojín de terciopelo rojo y por el gran interés que manifestaba al detenerse tanto en un verso, como en otro.

En los años venideros, Planudes terminó ocupándose de otros autores (incluso latinos: ¡piensen que tradujo a Ovidio al griego! ¡Las *Metamorfosis*, las *Heroidas*, e incluso *El arte de amar*![25]) —y de otras cosas; incluso fue enviado a Venecia en misión diplomática, en unos años en que las relaciones con Occidente no eran idílicas. Pero el volumen que elaboró durante la segunda de sus «consultas» (cuando se había trasladado a otro monasterio, llamado *Akataleptos*, es decir, el «Cristo incomprensible»[26]) y que terminó el 13 de septiembre de 1301 (como se indica en la fecha que escribió en la última página del manuscrito) estaba destinado, como veremos, a mezclarse y entrelazarse más de una vez conmigo y con mi aventurera historia.

Pero hay un detalle que considero justo anticipar aquí. Aunque no se puede excluir que Planudes me utilizara precisamente a mí para enriquecer su manuscrito personal, lo que es seguro es que la fuente principal de la que él se sirvió para compilar su antología personal era sin duda algo muy cercano a la recopilación que había sido preparada por mi abuelo Constantino.

¿Por qué les cuento estas cosas? Porque es cierto que mi contenido general refleja con notable fidelidad el trabajo de Constantino Céfalas —pero también es cierto que, en el paso del original que él había comenzado a recopilar a finales del siglo X a la más fiel de sus copias (que soy yo), algo se ha perdido. Más o menos al inicio de la segunda mitad del noveno libro, una parte considerable de los epigramas descriptivos que había recopilado Constantino ya no se lee en mí: falta, ha desaparecido, ya no está. Pero la fuente principal a la que Planudes había acudido para su segunda recopilación aún poseía estos epigramas: es por eso por lo que en el manuscrito de Planudes, datado en 1301, aun siendo mucho más pequeño que yo, se pueden leer casi cuatrocientos epigramas que yo ya no poseo.

Pero tendremos ocasión de volver a referirnos a esto más adelante. Mejor, por el momento, que procedamos con un cierto orden y que volvamos a hablar de mi vida constantinopolitana. La existencia tranquila y, en definitiva, serena que había vivido en todos estos años tuvo un brusco final el día en que, para evitarme un final trágico, una mano piadosa me sustrajo del ambiente protegido en el que había permanecido casi quinientos años y me llevó, tras un largo y peligroso viaje por mar, lejos de mi amada Constantinopla, a otro mundo, incluso a otro continente.

4

Hacía tiempo que mi ciudad ya no era un lugar seguro

Hacía tiempo que mi ciudad ya no era un lugar seguro. Los primeros signos del terrible destino que le esperaba se habían manifestado ya en 1204. En abril de aquel año nefasto, los cruzados, en vez de dirigirse a la ciudad de Jerusalén para liberar el Santo Sepulcro, como había sido la intención del papa Inocencio III, quien, seis años antes, había convocado la Cuarta Cruzada, habían tomado un desvío, e impulsados principalmente por intereses económicos (especialmente en lo que respecta a Venecia), pero también por motivaciones políticas, irrumpieron mediante la fuerza en Constantinopla y arrasaron la ciudad[27].

Durante aquellos horribles días la gran biblioteca imperial fue casi completamente destruida, junto con todos sus libros que allí se conservaban con tanto cuidado y esmero. Si yo hubiera estado con ellos, ahora no estaría aquí contándoles la historia de mi vida.

La corte imperial tuvo que abandonar Constantinopla durante casi cincuenta años, mientras que en las riberas del Bósforo se fundaba el Imperio latino, encabezado por Balduino I de Flandes[28]. Sin embargo, afortunadamente, los estudios clásicos continuaron cultivándose también durante el exilio de la corte en Nicea, en Asia menor. Tras el regreso a Constantinopla en 1261, todo volvió a comenzar como antes; y fue en aquellos años que, además de Máximo Planudes, figuras como Demetrio Triclino[29], quien desempeñó su labor filológica en otra gran ciudad del Imperio, a saber, Tesalónica (la actual Salónica), contribuyeron a la cultura clásica. Fueron años muy hermosos, los años denominados del «Renacimiento de los Paleólogos»[30]. Pero el destino estaba preparando para mi ciudad un futuro que se vislumbraba muy terrible.

A principios del siglo XV, ya era evidente que los otomanos querían poner fin al Imperio bizantino. Sin embargo, para llevarlo a cabo, primero debían conquistar su capital. En 1422, Murad II, un emperador que apenas tenía dieciocho años, sitió Constantinopla[31]. Pero esta consiguió resistir gracias a su arma secreta, el fuego griego. El monarca turco se dedicó entonces a la conquista de Tesalónica, que no capituló hasta 1450. De este modo, mis conciudadanos (incluido el emperador, Juan VIII Paleólogo[32]) pudieron gozar aún de algunos años de cierta tranquilidad.

Sin embargo, para los amantes de la cultura antigua que vivían en mi ciudad y que, para ganarse la vida, enseñaban literatura griega a sus estudiantes, el riesgo que corríamos, yo y todos los demás manuscritos que se conservaban dentro de las murallas de Constantinopla, era muy evidente. Si los turcos lograban conquistar nuestra ciudad (y la creciente debilidad del Imperio bizantino hacía suponer que eso sucedería muy pronto), nuestro destino estaría sellado: testigos de una cultura poco apreciada por una larga serie de razones, y no solo religiosas, todos nosotros acabaríamos entre llamas o, peor incluso. Así había sucedido a muchos de nosotros durante la Cuarta Cruzada.

En demasiadas ocasiones, tristemente, las bibliotecas, que constituyen una de las invenciones más nobles y desinteresadas del hombre (porque ponen a disposición de todos, gratuitamente, los más elevados frutos concebidos por el alma humana), terminan sufriendo un aciago destino. Piensen en lo que sucedió con la biblioteca más famosa del mundo antiguo, la Biblioteca de Alejandría, que fue fundada por la dinastía ptolemaica, los soberanos de Egipto, en el siglo III a. C., para acoger y conservar toda la literatura griega. Julio César la dañó parcialmente una primera vez; luego fue quemada de nuevo en el siglo III d. C., durante la guerra entre el emperador romano Aureliano y Zenobia[33], la reina de Palmira; destruida de manera definitiva, y esta vez voluntariamente, por el emir Amr ibn al-As[34], por orden del califa Omar, en el siglo VII...

Ahora la Biblioteca de Alejandría todavía existe, sí, con el nombre latino de *Bibliotheca Alexandrina*: un grupo de arquitectos noruegos ha diseñado y construido el nuevo edificio en las riberas del Mediterráneo, y fue inaugurado solemnemente en 2002[35]. Pero en la estructura original, que recuerda la forma de un reloj de sol, los preciados papiros que la antigua biblioteca alejandrina contenía alrededor del 280 a. C., en los tiempos de Ptolomeo Filadelfo[36], ya no están, y ni siquiera se salvó la copia oficial de los dramas representados en el teatro de Dionisio en Atenas durante todo el siglo V a. C., llevada a Egipto con un ingenioso truco.

Ptolomeo había dejado en manos de los atenienses un depósito muy alto, la bonita suma de quince talentos, para convencerlos de que mantendría la promesa de devolver los valiosos manuscritos al archivo municipal tras haberlos hecho copiar. Pero cuando los textos de las tragedias llegaron a Alejandría, el soberano egipcio prefirió renunciar al dinero para conservar los dramas de Esquilo, Sófocles y Eurípides[37].

Volvamos a las consecuencias de la caída de Constantinopla. Yo era plenamente consciente de que, en lo que a mí respectaba personalmente, corría un gran peligro. Como ya saben, a su antología de epigramas, que eran todos de temática profana, Constantino había añadido un libro formado por un centenar de poesías de tema religioso, que había definido como «epigramas piadosos y divinos». Más todavía: en polémica con los que continuaban sin creer en la religión de Nuestro Señor, había agregado en el título del libro la precisión de que había querido deliberadamente poner en primer lugar, en una posición privilegiada, el libro de los epigramas cristianos, aunque sabía perfectamente que eso no les agradaría a los «griegos» (en el sentido de «paganos»). Imaginen lo que habría podido suceder si hubiera terminado en manos de un musulmán que supiera leer la lengua griega... ¿Qué habría dicho si hubiera leído un epigrama como este, que recuerda el profundo significado de la Pasión de nuestro Señor, asesinado en la cruz?

> «Oh Pasión, oh cruz, sangre que alejas de nosotros
>   las pasiones, lava mi alma de toda locura malvada».

Por eso, al final del capítulo anterior definí como «piadosa» la mano que me había agarrado y llevado: gracias precisamente a esa mano bendita pude salvarme de la destrucción que tocó a mi desafortunada ciudad cuando, el 29 de mayo de 1453, Mehmet (Muhammad) II[38], hijo de Murad II, tras dos años de asedio, logró imponerse sobre la valiente resistencia de los bizantinos, penetrando dentro de las murallas a la cabeza de sus jenízaros.

Como Dios quiso, logré llegar a Italia. Para darme ánimo, durante la no breve travesía entre las olas del mar Egeo, del mar Jónico y del mar Adriático (una novedad para mí, que siempre había vivido en tierra firme), recité continuamente los primeros epigramas exhortativos del décimo libro, que contienen todos una manera muy peculiar de exhortar: se trata de una serie de oraciones paganas dirigidas al dios Príapo, una divinidad que, entre sus numerosas prerrogativas (guardo silencio por pudor sobre la más famosa), tenía también la de ser el protector de los puertos. Mi epigrama favorito era este:

> «¡Desata, oh mercader, las largas amarras
> de los barcos bien anclados!
> Y, tras haber desplegado las ágiles velas, toma el mar:
> las tormentas han huido; con su dulce soplo el suave Céfiro

apacigua sonriente la oscura ola;
ya la golondrina que ama a sus pequeños
con sus labios gorjeantes construye su casa
de paja unida con el fango; brotan flores en la tierra.
Confiando en Príapo, comienza tú también tus navegaciones».

No fui yo el único en escaparme de este modo: muchos fueron los manuscritos que, como yo, meticulosamente ocultados en un baúl, sin tener que recitar sus oraciones a Príapo (porque no contenían epigramas), cruzaron los tres mares en los que se divide el Mediterráneo, llegando algunos a Ancona, otros a Rávena y otros a Venecia, arribando sanos y salvos a tierra italiana.

Dos de estos manuscritos fueron exactamente los que habían sido transcritos por Planudes: se salvó tanto el segundo, el más precioso (porque también era el más completo), de los cuales tendremos ocasión de hablar aún en los capítulos siguientes, como también el primero, que era el más antiguo de los dos y contenía, además de poco más de cien epigramas, también los dos poemas de Hesíodo (*Teogonía* y *Trabajos y días*), las *Argonáuticas* de Apolonio de Rodas y las *Dionisíacas* de Nono de Panópolis.

Después de ser comprado por el humanista Francesco Filelfo, originario de la región de las Marcas, en la Constantinopla de 1423, treinta años antes de la caída de la ciudad, el libro fue llevado a Florencia[39]. Y aquí se encuentra aún hoy, en la *Biblioteca Medicea Laurenziana*, en las espléndidas salas diseñadas por Miguel Ángel[40], con el nombre de *Laurentianus Graecus* 32.16.

Numerosos son los manuscritos que, después de haber vivido durante algunos siglos en las bibliotecas de Constantinopla, tuvieron la fortuna de terminar allí, en la colección que el gran duque de Toscana, Cosme I de Medici, quiso abrir al público en 1571[41]. Entre tantos, quiero recordar especialmente el venerado libro que contiene las tragedias de Esquilo y de Sófocles, un contemporáneo mío, escrito hacia finales del siglo X, que hoy se encuentra muy cerca del códice de Máximo Planudes, sobre los «*plutei*», los armarios-lectores, los bancos de madera de la biblioteca diseñados también por Miguel Ángel, que lleva por nombre *Laurentianus Graecus* 32.9.

Este manuscrito también logró dejar Constantinopla antes de la llegada de los turcos: fue llevado a Florencia el mismo 1423 por Giovanni Aurispa, un humanista siciliano apasionado por los libros. Pero, además, pasó por las manos de otro famoso coleccionista florentino, Niccolò Niccoli[42], antes de acabar, por fin, en la Laurenziana.

No sé a ciencia cierta quién me salvó: tal vez uno de esos que he mencionado *supra*, tal vez otro, quién sabe. Muchos fueron los hombres que en esos años hicieron el viaje entre Oriente y Occidente. Así, mencionaré a Manuel Crisoloras (un hombre de quien tendré ocasión de referirme al principio del próximo capítulo), Guarino Guarini, Roberto Rossi, Giacomo Angeli, Cristoforo Buondelmonti, Rinuccio Aretino[43]... E ignoro incluso cuándo dejé mi ciudad. Solo tengo constancia de que, a principios del siglo XVI, me encontré al otro lado del mar, en Italia, y más precisamente en Padua.

5

No creo que haya estado en Padua mucho tiempo

No me parece haber estado en Padua durante mucho tiempo. Tampoco sé cómo conseguí llegar allí: lamentablemente no recuerdo casi nada de lo que me sucedió. Sin embargo, que yo estuviera allí no debe sorprender, porque, en los primeros años del siglo XVI, Padua era un lugar nada desdeñable. Pocas eran entonces las ciudades donde era posible estudiar griego y, junto a Florencia, Venecia, Pavía, Verona y Ferrara, también estaba Padua, donde egregios maestros habían enseñado allí. Entre ellos merece mencionarse al aristócrata ateniense Demetrio Calcondilas, quien ocupó la cátedra de griego en 1463[44].

Calcondilas no fue, efectivamente, el primer griego en venir a Italia para enseñar su lengua materna. Antes que él, la figura más importante había sido, sin duda, Manuel Crisoloras, diplomático de Constantinopla y gran amigo del emperador Manuel II Paleólogo. Después de ir a Venecia alrededor de 1394 para convencer a la *Serenissima*[45] de aliarse con los bizantinos contra la amenaza turca, Crisoloras regresó a su patria. Llamado de nuevo a Italia, se estableció en Florencia, donde, a partir de 1397, se le encargó la tarea de enseñar la lengua griega en el *Studium*, la universidad que había sido fundada medio siglo antes.

Crisoloras, que en los años siguientes enseñó su lengua también en otras ciudades (Pavía y Venecia), convirtiéndose así en uno de los principales artífices del renacimiento del griego en Occidente gracias, entre otras cosas, a su gramática (que mereció el honor de tener una gran difusión, sobre todo en la traducción latina a cargo de Guarini, su discípulo más fiel), puede ser considerado el antepasado de una larga serie de exiliados que, huyendo de su patria en peligro (y, después de 1453, de su patria en manos de los otomanos), encontraron refugio en Italia primero y en otros estados europeos después, consiguiendo vivir dignamente gracias a su principal recurso, la enseñanza de su lengua materna: más o menos lo que sucede ahora, *mutatis mutandis*, con todos aquellos que huyen de la devastada África por el hambre o del Oriente Medio devastado por las guerras, exiliados y refugiados forzados, para sobrevivir, a aceptar todo tipo de trabajos, incluso los más humildes.

En Padua, a comienzos del siglo XVI, había otro gran experto en lengua griega. Me estoy refiriendo a Marco Musuro, un erudito nacido en la isla de Creta que llegó jovencísimo a Florencia en 1472 acompañado de Janus Láscaris (un personaje que conoceremos a fondo, un poco más adelante, en este mismo capítulo), donde se valió de su conocimiento del idioma anotando y copiando muchos manuscritos.

A finales de 1494, Musuro se trasladó de Florencia a Venecia, donde comenzó a colaborar con el ínclito editor Aldo Manucio, impresor de las llamadas «Aldinas», que eran libros que ayudaron a difundir la literatura griega por todo el continente europeo. Fue gracias a las excepcionales dotes filológicas de Musuro que Manucio pudo publicar en 1498 la primera edición impresa de las comedias de Aristófanes, con los antiguos comentarios fielmente reproducidos al margen del texto[46].

Después de pasar un par de años en Carpi como preceptor y bibliotecario del príncipe Alberto III Pío, sobrino de Pico della Mirandola, Musuro se trasladó a Padua en 1503. Pasados dos años, fue profesor de lengua y literatura griegas, con este horario de trabajo: por la mañana enseñaba gramática a sus alumnos; por la tarde, leía con ellos los textos. Algunos de estos alumnos eran personajes destacados, como Raffaele Regio, un estudioso de retórica latina que, a pesar de haber alcanzado la venerable edad de casi setenta años[47], no se perdía una lección, o jóvenes destinados a una brillante carrera, como Johannes Cuno, un dominicano de origen alemán que se convertiría en uno de los mayores expertos en los Padres de la Iglesia como Juan Crisóstomo[48], Gregorio Nacianceno (el autor de los epigramas cristianos contenidos en el octavo libro de mi antología) y el otro Gregorio, originario de Nisa[49].

Pero la actividad de Marco Musuro no se circunscribía a la enseñanza. Aunque su colaboración con Aldo Manucio se había interrumpido durante un tiempo, el erudito cretense continuaba trabajando en los textos —y entre estos, además de tragedias, comedias y poetas como Teócrito o prosistas como

Plutarco, también los epigramas. ¿Y cuál era la herramienta principal en la que se basaba su trabajo sobre los epigramas griegos?

No, no era yo; era el segundo de los dos manuscritos copiados por Máximo Planudes, el que el monje terminó de transcribir en 1301 —un libro que, justo después de su llegada a Florencia (traído por el habitual Giovanni Aurispa), no solo fue prestado y copiado en diversas ocasiones, sino que también fue impreso.

El responsable de esta primera edición impresa es un personaje que hemos mencionado antes: Janus Láscaris, un intelectual griego predestinado a tener una brillante carrera diplomática, el hombre que tuvo el mérito de traer de Creta a Italia al joven Musuro. Fue el propio Láscaris quien hizo publicar la recopilación de Planudes en el verano de 1494 (el 11 de agosto, para más exactitud) por Lorenzo Francesco de Alopa, un editor veneciano afincado en Florencia, con un título que, traducido al italiano, reza así: «Una Antología de epigramas griegos recopilados a cargo del rétor Planudes».

A pesar de ser un gran hombre de cultura, Láscaris no fue una persona recomendable a nivel de integridad moral. Cuando, a principios de agosto, salió el libro, contenía como conclusión una dedicatoria enfática a Piero de' Medici, hijo de Lorenzo el Magnífico, que en ese preciso momento era el señor de Florencia. Pero poco menos de un mes después, el 6 de septiembre, el rey de Francia Carlos VIII hizo su entrada en Florencia, acabando con el poder y dominio de los Medici y permitiendo que los florentinos establecieran un régimen republicano. ¿Y qué hizo Láscaris? Se puso al servicio del rey francés y, con el fin de ser leal a su nuevo señor, hizo quitar la dedicatoria que había escrito para Piero —que de hecho está ausente de casi todas las copias de su antología conservadas en las bibliotecas de media Europa[50].

Volvamos a Marco Musuro. Junto a la edición de Láscaris, que tuvo la ocasión de analizar atentamente, también estaba yo mismo en el escritorio de Musuro[51]. No sabría especificar si me poseía (o porque me había comprado, o porque me habían regalado), o si simplemente me había tomado prestado de algún coleccionista, pero ciertamente Musuro me conocía bien a mí también, y me utilizaba para corregir el texto de los epigramas que habían sido recién publicados por Láscaris y que, como tendremos ocasión de constatar, habían comenzado a difundirse, como la pólvora, por toda Europa.

Como curioso intelectual que era, Musuro apreciaba también y sobre todo los epigramas más extraños. Tenía una particular predilección por una larga serie de breves composiciones que describían una de las obras de arte más famosas del mundo antiguo, la *Ternera* esculpida por Mirón, el artista que vivió en Atenas en el siglo V a. C. y que todos conocen ahora por otra famosa estatua suya, el *Discóbolo*. Muchos de estos epigramas (no son pocos: son nada menos que treinta y siete) enfatizan, todos, el sorprendente realismo de la escultura. Y Musuro los tradujo también al latín, como hizo con este:

«Si me ve un ternero, mugirá; si me ve un toro, me montará; si me ve un pastor, me empujará en la manada».

No he podido olvidar todavía la emoción que sentí la primera vez que el filólogo cretense me tomó entre sus manos. Hacía tanto tiempo que un sabio no me hojeaba, que no se detenía con atención en este o aquel epigrama, que no copiaba en una hoja o en los márgenes de otro libro uno de los tantos versos que contenía...

Pero un día pasó por Padua un personaje aún más famoso que Musuro. Su nombre era Erasmo de Róterdam[52]. Tras estar primero en Francia, en París, y luego en Inglaterra, en Oxford, Erasmo llegó a Italia en 1506 pasando por Turín, donde recibió su titulación en teología. Pasado algún tiempo en Bolonia, llegó finalmente a Venecia para trabajar en los *Adagia*, una colección de proverbios griegos y latinos que ya había publicado y que pretendía actualizar y volver a publicar con la adición de los proverbios griegos que esperaba encontrar en la ciudad construida sobre el agua[53].

Entre finales del siglo XV y principios del siglo XVI, Venecia fue el verdadero núcleo del conocimiento del griego en Occidente. Y todo gracias a un cardenal de Trebisonda, Basilio Besarión[54], que llegó por primera vez a Italia en 1438 acompañado del emperador bizantino, cuando se estaba celebrando el Concilio de Ferrara, convocado para intentar resolver el cisma que desde hacía siglos (desde el tiempo de Focio) separaba a la Iglesia de Roma de la de Constantinopla.

El objetivo oficial del concilio no se alcanzó (ni tampoco el oficioso, que constituía su contraparte oculta, es decir, la ayuda militar de los estados europeos a Bizancio amenazada por los turcos), pero Besarión no regresó más a Grecia, salvo un breve viaje realizado inmediatamente después del concilio para comunicar el fracaso de la misión diplomática.

El cardenal prefirió establecerse para siempre en Italia, donde se dedicó, entre otras cosas, a la recopilación de los valiosos manuscritos que, en 1468, poco antes de morir, regaló a la ciudad de Venecia. Sus libros (unos novecientos volúmenes, en su mayor parte griegos) constituyen el núcleo más antiguo de la Biblioteca Marciana y se conservan en el egregio edificio construido por Sansovino entre la Basílica de San Marcos y la laguna, justo enfrente de la isla de San Giorgio. El manuscrito de Planudes, mencionado en los capítulos anteriores, formaba parte de su colección privada.

En el otoño de 1508, Erasmo decidió dejar Venecia por unos días para conocer el ambiente universitario de Padua. Allí, una noche de noviembre, fue invitado a cenar precisamente en casa de Marco Musuro: lo sabemos por una carta que Erasmo escribió nada menos que quince años después, el 1 de marzo de 1523, desde Basilea, a su amigo flamenco Joost Vroye, profesor de jurisprudencia en la universidad de Lovaina.

«Un día me quedé a cenar en su casa. También estaba su anciano padre, que no sabía una palabra de latín y solo hablaba griego. Al momento de lavarnos las manos, cada uno de nosotros quería que fuera el otro quien se las lavara primero, como suele pasar. Para poner fin a aquella pérdida de tiempo, tomé sus manos y dije en griego que nosotros dos éramos los viejos. A esas palabras, su rostro se iluminó, y nos lavamos las manos juntos (aunque yo no era mucho más viejo que su hijo: si él tenía casi treinta y ocho años, yo solo tenía cuarenta y uno). Musuro entonces puso el brazo alrededor de los hombros de un amigo suyo, el impresor Zacarías Calliergi, diciendo que ellos dos eran los jóvenes».

Al atardecer, como era frecuente entre las personas cultas, los dos departieron largamente sobre literatura: Erasmo le habló a Musuro sobre los proverbios que lo habían ocupado en Venecia (y que estaban a punto de ser publicados por Manucio); Musuro discutió con su huésped sobre sus continuos trabajos sobre los epigramas. Al final, para mostrarle sus herramientas de trabajo, me levantó de la mesa y me puso entre sus manos.

¡Imagínense el entusiasmo de Erasmo! El erudito y sabio holandés me hojeó con curiosidad, leyó sin dificultad algunos epigramas, pues era un excelente conocedor del idioma griego, uno de los mejores de su tiempo, y le preguntó a Musuro si podía llevarme con él a Venecia por unas semanas. Para complacer a su ilustre huésped, Musuro accedió, no sé hasta qué punto consciente de que su espontáneo gesto podría significar no volver a verme nunca más —cosa que efectivamente ocurrió.

6

Después de un viaje que duró casi dos meses, finalmente llegué a Inglaterra

Después de un viaje que duró casi dos meses, finalmente llegué a Inglaterra. Erasmo decidió abandonar Italia en 1509, después de haber pasado unos meses en Roma. En Inglaterra, Erasmo fue huésped de su querido amigo Tomás Moro en la gran mansión londinense de Bucklersbury, donde escribió en poco tiempo *El elogio de la locura*, su obra más famosa[55].

Erasmo permaneció en Inglaterra solo cinco años. En 1514, después de haber sido profesor de griego y teología en la Universidad de Cambridge, tuvo un desencuentro con sus colegas teólogos y decidió regresar al continente, primero a Bélgica, a Lovaina, y luego a Suiza, a Basilea, donde murió en 1536. Su tumba se encuentra en la catedral.

Sin embargo, se fue a Bélgica sin mí. Erasmo me dejó en la casa de su amigo, ya sea por olvido o, más probablemente, intencionadamente. Casi estoy seguro de que Erasmo quiso hacerle a Moro el mismo favor que Musuro le había hecho a él: aunque todo el mundo sabe que el amor que los intelectuales sienten por los libros se asemeja mucho a una enfermedad, a ese sentimiento absoluto, exclusivo y totalizante que presenta los mismos síntomas de los locos celos de los enamorados, a menudo sucede que, cuando los hombres que viven por la cultura tratan con amigos, el poderoso sentido de posesión cede terreno, sin esperarlo, a la generosidad.

Por ello estoy convencido de que Erasmo me regaló deliberadamente a Tomás Moro, quien, a pesar de su formación como abogado y de la actividad política que había comenzado a desarrollar exitosamente en esos años (la misma actividad que provocaría su dramático fin), tenía una gran pasión por los epigramas.

Moro no se contentó con leerme por puro deleite. Es de sobras conocido que, junto a su amigo William Lily[56], el primer rector de la St. Paul´s School, tradujo al latín muchos epigramas, uno de los cuales —el epitafio ficticio de un tal Neoptólemo que había sido enterrado en Atenas a expensas de la ciudadanía— forma parte de las composiciones que llevo conmigo:

«El pueblo ateniense
te honra, oh Neoptólemo,
con esta estatua,
para recordar
su religioso respeto
hacia la divinidad».

Moro no tuvo dificultad alguna en hallar el epigrama: si abro, precisamente después del índice que enumera todas las secciones que me componen (escrito a mano por el habitual Constantino de Rodas), hay algunas páginas copiadas en un segundo momento por quién sabe quién. Además, están pegadas (quizá por error) antes de lo que, según la intención de Constantino Céfalas, debía ser el comienzo de la recopilación. En la primera de estas páginas, que contiene siete epigramas, está el epitafio de Neoptólemo, que es el tercero.

Siempre me he preguntado si, tras haber satisfecho sus ambiciones políticas, Tomás Moro, en su vejez, habría retomado el regalo de su viejo amigo para leer y traducir otro epigrama mío, adentrándose más allá de las páginas iniciales. Desgraciadamente no podemos saberlo, porque en 1535, cuando no había cumplido aún los cincuenta y siete años, fue condenado a muerte por Enrique VIII. Por el hecho de ser católico, y porque quería seguir siéndolo, Moro se había negado a aceptar el *Supremacy Act* con el que el rey inglés había proclamado su separación de la Iglesia romana. Así, tras haber estado encarcelado durante algunos meses en la Torre de Londres, Tomás Moro fue decapitado el día 6 de julio.

Después de su muerte, junto con los otros manuscritos que poseía, pasé a las manos de su yerno, John Clement, quien se había casado con su hija adoptiva Margaret Giggs y que, al ser un médico culto, también tenía una gran pasión por la medicina antigua. Clement, que también era un fanático coleccionista de manuscritos, no podría haber deseado una herencia mejor. Durante los largos períodos de estudio pasados en Italia, primero en Padua y luego en Siena (justo en esta última universidad se había graduado en 1525), Clement dedicó sus esfuerzos a investigar y comprar libros antiguos. Es cierto que, para ser aquel excelente doctor en que estaba destinado a convertirse, sus preferencias se dirigían sobre todo hacia los códices que contenían textos de medicina antigua, especialmente de Galeno, hasta tal punto que fue precisamente Clement quien publicó la primera edición moderna de estos textos por las prensas de Aldo Manucio en el mismo año en que se graduaba en Siena[57]. Pero el regalo póstumo de su suegro era lo mejor que podía haber deseado —y fue así como mi presencia en su biblioteca se convirtió sin duda en una de las joyas de su impresionante colección.

A pesar de todo, mi destino era no permanecer mucho tiempo en Inglaterra junto a mi nuevo dueño. Enrique VIII, el rey de las seis esposas, murió en 1547 y su único hijo varón, Eduardo VI, que había tenido con su tercera esposa Jane Seymour, le sucedió en el trono de Inglaterra. Impulsado por sus numerosos consejeros a continuar por el camino inaugurado por su padre (el joven había ascendido al trono cuando aún no tenía diez años), Eduardo creó más distancia todavía entre la recién nacida Iglesia anglicana y el Vaticano, dificultando cada vez más y volviendo penosa la permanencia de los católicos en Inglaterra.

Y fue así que, por segunda vez (y enseguida veremos que no será la última), las diferencias religiosas me obligaron a viajar por mar: así como la inminente llegada de los turcos musulmanes había provocado mi apresurada partida de la cristiana Constantinopla, así la política religiosa anglicana obligó a mi poseedor católico, quien además había sido uno de los médicos del propio Enrique VIII, a dejar la peligrosa Londres para cambiar mi destino en la más segura Lovaina, sede de la mayor universidad de los Países Bajos, católica, que había sido fundada en 1425 por el duque Juan IV de Brabante, con el consentimiento del papa Martín V.

Quién puede acaso sospechar qué hubieran pensado los anglicanos si hubieran leído no solo el libro de epigramas cristianos compuestos por diferentes autores que Constantino, mi abuelo, había colocado al inicio de su *Antología*, sino también los doscientos cincuenta epigramas igualmente cristianos escritos por san Gregorio Nacianceno, uno de los tres Padres capadocios, que en las ediciones modernas impresas forman, como ya hemos escrito, el octavo libro...

Si puedo modestamente expresar mi opinión personal (aunque no soy propiamente un crítico literario, conozco bastante bien los epigramas), me parecen bastante aburridos, sobre todo los cincuenta dedicados a la madre (que se llamaba Nonna), todos más o menos iguales entre sí[58].

Miren este (que los críticos consideran uno de los más logrados), donde Gregorio compite con su hermano Cesario:

> «Oh madre mía, gritando "¡Gregorio!" en praderas cubiertas
> de flores venías al encuentro de aquellos que regresaban de una
> tierra extranjera, abriendo los brazos a tus queridos hijos gritando
> "¡Gregorio!": tu sangre materna arderá por ambos hijos,
> pero en especial por quien fue alimentado con tu pecho:
> por eso, oh madre, te he honrado escribiendo tantos epigramas».

Pero, asimismo, tampoco los ochenta epigramas que concluyen el libro, en los que Gregorio ataca a quienes profanaban las tumbas de los mártires saqueando las iglesias y disfrutando entre los altares, son muy diferentes entre sí.

Basta con leer este epigrama, donde Gregorio se lanza contra quienes penetraban de noche en las iglesias y saqueaban las tumbas en busca de objetos preciosos, para entender cómo son los demás:

> «¿Quién, pues, ha saqueado mi tumba querida, que se alzaba tan alta como la cima de la montaña? El oro afila la espada, usada contra los hombres; el oro hace morir entre las frías olas invernales al marinero insaciable. El oro que se esperaba encontrar dentro de mí ha provocado la destrucción de mi maravillosa tumba: para los injustos, siempre está primero el oro».

Los epigramas de Gregorio, en su conjunto, no añaden mucho a la colección. En mi opinión (y disculpen la reiteración), Constantino hizo bien en no incluirlos.

7

En los cuatro años que pasé en Lovaina tuve un encuentro muy interesante

A lo largo de los cuatro años que pasé en Lovaina, tuve un encuentro muy interesante. Un famoso estudioso francés, que a la edad de apenas veinte años había publicado algunas notas interesantes sobre Horacio[59] (su nombre era Henri Estienne, pero como muchos de sus colegas prefería ser llamado por el nombre latino —por eso todos lo conocen como *Henricus Stephanus*), tuvo conocimiento, no se sabe cómo, de mi existencia. Durante un viaje de Italia a Inglaterra, al pasar por Lovaina le pidió a Clement el permiso para leerme. Habiendo encontrado dentro de mí algo que le interesaba, decidió copiarlo.

Pero este algo no fueron los epigramas. Entre los muchos textos que conservo, en efecto, hay algo más.

Al principio, en las páginas que preceden a los epigramas cristianos, hay una descripción de la iglesia de Santa Sofía en Constantinopla escrita por Pablo Silenciario, un poeta bizantino que vivía en el siglo VI y que se dedicaba al mantenimiento del orden durante las procesiones y asambleas imperiales a las que asistía el emperador[60].

A modo de paréntesis, este Pablo también compuso algunos maravillosos epigramas amorosos: lean el quinto libro y seguramente estarán de acuerdo conmigo[61]. De hecho, quiero que lean al menos uno de inmediato: aquí está, en la traducción de un gran poeta italiano del siglo XX:

> «Amo di più le tue rughe, Filinna,
> che lo splendore della giovinezza.
> Mi piace di sentire nella mano
> il tuo seno, che piega giù pesante
> le sue punte, più del seno diritto
> d'una ragazza. Il tuo autunno è migliore
> della sua primavera ed il tuo inverno
> è più caldo della sua estate».

Hacia el final, en las páginas que siguen al libro de problemas de matemáticas, oráculos y adivinanzas, a partir del folio nº 645, comienza una serie de unas cincuenta poesías tituladas *Las poesías conviviales de Anacreonte de Teos*. Ahora bien, estas composiciones —además de ser muy bellas— no tienen nada que ver con las líricas escritas por el verdadero Anacreonte, que vivió en el siglo VI a. C., y que, desafortunadamente (excepto algunos fragmentos, más que nada citas de uno o dos versos) no se han conservado. Estas «poesías conviviales» (que cantan el vino y todas las delicias que hacen placenteros los banquetes) son imitaciones que van desde la época helenística (las más antiguas) hasta la bizantina (las más recientes).

Pero Stephanus no se lo pensó dos veces: en cuanto me vio, primero transcribió con cuidado todas las *Anacreónticas* y luego las publicó en París en 1554 con traducción latina. Este libro (que, traducido al italiano, se titula «*Las odas de Anacreonte de Teos, publicadas ahora por primera vez por Henri Estienne, con una traducción latina*»), dio inicio a la extraordinaria fortuna del poeta, que duró hasta finales del siglo XVIII, e incluso más allá.

Para que entiendan de qué se trata, aquí tienen uno de estos poemas anacreónticos:

«La tierra negra bebe,
y los árboles beben la tierra.
El mar bebe los ríos,
y el sol bebe el mar,
y la luna bebe el sol.
¿Por qué os ensañáis conmigo
si yo también quiero beber?».

Y para que vean cómo el tema de esta poesía ha tenido éxito, aquí está la versión que el duque de Rothsay canta en el segundo acto de la ópera *La jolie fille de Perth*, compuesta por Georges Bizet y representada por primera vez en París en 1867:

«Todo bebe en este mundo,
verano e invierno beben en par;
la tierra profunda bebe el agua,
y el sol bebe el mar.
El rocío de la mañana
bebe la flor despierta,
y el rayo cristalino
de la luna bebe el sol.
Pues que en el cielo y los planetas
todo bebe noche y día,
¡salve, oh vino, que apagas la sed!
¡Amigos, bebamos y brindemos, sí!».

Cada vez que pienso en la copia de una parte de mí que Stephanus hizo en Lovaina, quizás en la casa de

John Clement, no puedo evitar sentir una gran emoción. En realidad, esa copia no es más que mi primer hijo. ¡Y piensen que este libro todavía existe! Así es: después de haber pertenecido al filólogo holandés Isaac Vossius, fue vendido por sus ávidos herederos a la biblioteca de la Universidad de Leiden, en los Países Bajos. Y es allá, en Leiden, donde el libro se encuentra aún hoy, bajo el nombre «*Vossianus Graecus* Q 18» (donde «Q» significa «en cuarto», aludiendo a sus dimensiones, que son un poco inferiores a las mías: 23 x 16 cm).

Con todo, Stephanus no se limitó a copiar solo los poemas anacreónticos. Junto a ellos, también transcribió algunos epigramas que había encontrado dentro de mí. Cuando, doce años después, en 1566, decidió publicar en Ginebra (gracias a la considerable contribución de uno de los miembros de la familia Fugger, los riquísimos banqueros alemanes originarios de Augsburgo) una nueva edición de la antología de epigramas de Máximo Planudes (¿la recuerdan? Me refiero a la que había sido publicada por primera vez en Venecia en 1494 bajo la dirección de Láscaris), eligió enriquecer el volumen (que tiene un título larguísimo: «Antología de varios epigramas antiguos, dividida en siete libros, aún más enriquecida por un gran número de epigramas y acompañada de dos índices») insertando al final algunas otras poesías[62].

Este material suplementario incluye una serie de seis epigramas enigmáticos que solo poseo yo —y que Stephanus afirma haber encontrado en un «antiguo manuscrito de epigramas» (*vetus codex epigram-*

matum) perteneciente a «un inglés que se llamaba John Clemens» (*Iohannes Clemens Anglus*)[63]. Tenía gusto Stephanus, porque no son epigramas cualesquiera: son seis adivinanzas, y todas ellas muy ingeniosas. Intenten resolver esta:

> «Si tú me miras, yo también te miro. Tú miras con los ojos,
>   pero yo, con los ojos, no miro: no los tengo.
> Yo hablo, si quieres, pero sin voz: tú tienes la voz
>   mientras que yo tengo labios que se abren en vano».

¿No pueden resolverlo? Entonces voy a decírselo: la solución (que aparece en el título del epigrama) es *esoptron*, es decir, «el espejo».

Más o menos por la misma época hubo otro estudioso que pudo ojearme. Se llamaba Gerhard Falkenburg[64]: nació en los Países Bajos, en Nimega, y se haría famoso por ser el primero en publicar las *Dionisíacas* de Nono de Panópolis, el último poema épico de la literatura griega —cuarenta y ocho libros dedicados a las hazañas del dios Dioniso. Cuando Falkenburg leyó algunos de los epigramas que yo contengo, se sonrojó. Lo sé porque, en la portada de su copia personal de la *Antología* de Planudes, anotó que los epigramas más obscenos que no habían sido transcritos por el monje bizantino se podían leer en la colección que poseía el inglés John Clement.

Cuando, en 1566, salió el segundo libro de Stephanus, yo aún me encontraba en Bélgica. Pero en el *interim* me habían sucedido muchas cosas. Para decirlo brevemente, logré hacer otro viaje a Inglaterra. En 1553, de hecho, volví a embarcarme hacia las islas británicas. Eduardo VI, que siempre había sido de salud frágil, murió a la tierna edad de quince años y dejó el trono a su media hermana María, hija de la primera esposa de Enrique VIII, Catalina de Aragón. Católica como lo había sido su madre (que era española), María se aseguró en seguida de que Inglaterra volviera a estar bajo las alas protectoras de la Iglesia de Roma. Por eso Clement decidió regresar a su patria, trasladándose en esta ocasión a Essex.

Con todo, en 1558, después de unos cinco años, María (destinada a pasar a la historia con el sobrenombre de *Bloody Mary*, «María la sanguinaria», el mismo nombre que se da a un cóctel que se prepara con vodka, jugo de tomate y especias picantes) murió sin dejar herederos. El trono de Inglaterra pasó entonces a Isabel, la segunda hija de Enrique VIII, que era anglicana, e hija, por supuesto, de Ana Bolena, la segunda esposa de Enrique VIII, la mujer que, sin querer, había provocado el cisma de Inglaterra (fue precisamente para casarse con ella por lo que el rey le pidió al papa que pudiera divorciarse de su primera esposa). La nueva reina abandonó la política religiosa adoptada por su media hermana para volver paulatinamente a la que había sido inaugurada por su padre.

Y así fue como, para evitar nuevos enojos, John Clement tuvo que atravesar de nuevo el Canal de la Mancha y regresar a la hospitalaria Bélgica. Esta vez, sin embargo, no se estableció en Lovaina, sino en Malinas, la ciudad que desde hacía muchos años era la capital de los Países Bajos. Allí Clement murió en 1572 y fue sepultado, junto a su esposa, en la catedral de San Rumoldo de Malinas.

La tarea de hacer el inventario póstumo de sus libros correspondió a su hijo Thomas. Cuando llegó mi turno, me tomó en sus manos y me describió con estas palabras: «Un libro de epigramas enorme y muy antiguo, que contiene más del doble de las poesías que se encuentran en la edición publicada por Aldo Manucio, y muchas más de las que se encuentran en el volumen publicado por Henricus Stephanus» (*Epigrammatum liber magnus et perantiquus, duplo plura quam Aldi liber, et multo plura quam Henr. Stephani liber continens*)[65].

Si hubiera sido por mí, habría permanecido gustosamente en Malinas. Pero desgraciadamente, ni siquiera Bélgica era ya un lugar tranquilo. En 1555, tras la muerte de Carlos V de Habsburgo, el emperador bajo cuyo reino nunca se ponía el sol (porque también comprendía los territorios españoles en el Nuevo Mundo), su hijo, convertido en rey de España con el nombre de Felipe II, heredó la parte occidental de sus territorios europeos, incluido también Flandes. Algunos años después, comenzaron las primeras revueltas contra la dominación española, que se entrelazaron con las luchas entre el Flandes católico (al sur) y el protestante (al norte). La misma Malinas sufrió las consecuencias de estas guerras sangrientas: el 2 de octubre de 1572, unos meses después de la muerte de Clement, la ciudad fue saqueada por primera vez por los españoles, dirigidos por el duque de Alba; en 1580 Malinas sufrió un nuevo saqueo, esta vez por las tropas de los Estados Generales de los Países Bajos, que decretaron el dominio calvinista.

En ese punto, sin embargo, la colección que John Clement había juntado con gran esfuerzo estaba ya dispersa. Nadie sabe con certeza si, para hacer dinero, el heredero del médico me había vendido a algún coleccionista (muchos se habían ofrecido inmediatamente en los años posteriores a la muerte de su padre, pero Thomas había mantenido su postura y aguantó), o si había sido robado durante el saqueo de 1580.

Lo único seguro es que mi destino ya no tenía nada en común con la ciudad de casi ochenta mil habitantes que hoy forma parte de la mitad flamenca de Bélgica y es conocida por la mayoría de la gente como Malinas.

8

Mi último poseedor privado
fue otro profesor de griego

Mi último propietario privado fue otro profesor de griego. Se llamaba Friedrich Sylburg; era hijo de un campesino y había nacido cerca de Marburgo, en el norte de Alemania[66]. Estudió primero en Jena, luego en Ginebra y, al final, se trasladó a París. ¿Por qué precisamente a París? Porque con el Concilio de Trento y la Contrarreforma, Italia había dejado de ser, lamentablemente, un país importante (mejor: el país más importante) para el estudio y el conocimiento de la lengua griega. Entre las ciudades europeas que habían tomado el lugar de Florencia, Venecia, Padua, etc., se encontraba también París: en 1530, el rey Francisco I había fundado allí el *Collège* de France, que al principio se llamaba *Collège des lecteurs royaux*, siguiendo el consejo de Guillaume Budé, el primer gran filólogo francés[67]. ¡Debía ser realmente una bella ciudad! Pensé que realmente me gustaría ir al menos una vez a París, y no sabía, en ese momento, que a lo largo de mi vida terminaría yendo no una, sino dos veces. Y sobre todo que… Pero no nos adelantemos y volvamos a hablar de Sylburg.

Durante sus años parisinos, el joven alemán había asistido, entre otras, a las clases de Stephanus —sí, él, el primer editor de las *Anacreonticas*. Una vez de regreso a su Alemania natal, Sylburg había enseñado primero en dos pequeñas ciudades y luego, a partir de 1583, en Frankfurt, donde se convirtió en uno de los colaboradores más fieles del editor Johann Wechel. Para él publicó autores conocidos (como Heródoto, Aristóteles y Pausanias) y menos conocidos (como el historiador Dionisio de Halicarnaso, que vivió en el siglo I a. C., autor de las *Antigüedades romanas*).

En 1591, Sylburg abandonó Frankfurt y llegó a Heidelberg, donde desempeñó, entre otros cargos, el papel de bibliotecario de la colección de libros más importante de aquella fascinante ciudad a orillas del Neckar: la Biblioteca Palatina. Allí se unió a otro famoso editor de textos clásicos, Jerome Commelin, para quien publicó en 1594 el monumental *Etymologicum Magnum*, un gigantesco léxico de griego compilado en Constantinopla alrededor del siglo XII —un tomo que, en su última edición moderna, editada en el siglo XIX por Thomas Gaisford, pesa más de diez kilos.

Ignoro cómo terminé en manos de Sylburg (no es fácil, créanme, recordar con precisión todas las peripecias que me han tocado). Quizás él recordaba las lecciones de Stephanus, que seguramente le habló de mí. Una cosa es cierta: yo era uno de los manuscritos de los que más se enorgullecía, porque siempre me mantenía separado de los libros que pertenecían a la biblioteca en la que trabajaba. Lo demuestra el hecho de que mi nombre no figura en el catálogo de manuscritos de la Biblioteca Palatina que compiló el año en que tomó posesión[68].

Con él me pareció ver regresar los bellos años de Musuro: absorbido por sus mil intereses, Erasmo tuvo poco tiempo para hojearme; a excepción de los pocos momentos que él dedicó a los placeres de la literatura, Tomás Moro pensó sobre todo en la política; mi último poseedor, John Clement, no extrajo de mí grandes beneficios profesionales, porque prefería leer a Galeno, y no sé cuánto valoraría a Calímaco. Sylburg, en cambio, que asimismo prefería a los prosistas sobre los poetas (de otro modo no habría trabajado tanto tiempo con Dionisio de Halicarnaso[69]), tuvo la oportunidad de leerme y estudiarme con gran atención, numerando mis páginas una a una (su mano fue la que escribió los números que se ven en la parte superior derecha de mis páginas impares).

Él mismo, como lo había hecho Stephanus, entre sus múltiples actividades encontró un poco de tiempo para dedicarse a copiar algunos de mis epigramas. Algunos de estos (no muchos, en verdad) los transcribió en su copia personal de la segunda edición «aldina» de la *Antología* de Planudes, que fue impresa en Venecia en 1521 por Aldo Manucio, el editor de Musuro, con el título de *Antología de varios epigramas reunidos por Máximo Planudes y divididos en siete libros, con algunas anotaciones añadidas por Aldo Manucio*. Esta copia, que en los primeros años del siglo XX parecía haber desaparecido, fue luego rescatada y se conserva actualmente en Alemania[70].

Un número mayor de epigramas, sin embargo, fue copiado entre 1593 y 1596 en un manuscrito diferente. Entre estas poesías, el primer lugar lo ocupan los epigramas de Estratón de Sardes, aquellos que celebran las bellezas del amor homosexual. No conocemos los motivos que llevaron a Sylburg a copiar precisamente estos epigramas, pero podemos suponer razonablemente que una de las razones reside en el hecho de que la mayoría eran casi desconocidos.

Estratón no aparece frecuentemente en la antología que fue editada por Planudes: al principio del séptimo libro de su colección (el libro que contiene los epigramas eróticos), el monje bizantino afirma explícitamente haber omitido muchas de las poesías que se encontraban en el original que estaba copiando porque eran particularmente obscenas. De los más de cien epigramas compuestos por Estratón, Planudes solo había salvado siete (y todos ellos eran epigramas que insistían más en el tema satírico que en el erótico); de todas las poesías homosexuales que se encuentran en mi duodécimo libro (que son doscientos cincuenta y ocho), Planudes solo había copiado dieciséis[71]. Por lo general (pero no siempre), las más inocentes. Como por ejemplo este dístico:

«Si la belleza envejece, compártela antes de que desaparezca; pero, si, en cambio, permanece, ¿por qué temes regalar algo [que queda?»].

A la mayoría de los epigramas de Estratón, Planudes les reservó un destino diferente (y, dado el tiempo en el que vivió, así como el estilo de vida que decidió seguir, no debemos sorprendernos). Este epigrama, por ejemplo, no lo copió:

«Todos los animales carentes de razón follan, y basta; nosotros,
que entre los animales somos los únicos dotados de razón (y esto
es lo que tenemos más que ellos), también damos por el culo.
Aquellos que son esclavos de las mujeres no tienen nada más
[que los animales sin razón».

Esta segunda copia de Sylburg se conserva en Leiden, en la misma biblioteca universitaria donde se encuentra la copia de Stephanus: su nombre es *Vossianus Graecus* O 8, donde «O» significa «in-octavo» —siempre en relación con las dimensiones, que en este caso son más pequeñas (14,5 x 11 cm), porque la hoja utilizada para la constitución de un libro «in-octavo» se ha doblado tres veces, para obtener ocho hojas más pequeñas, para un total de dieciséis páginas.

El manuscrito llegó a Leiden a través de Gerhard Johann Vossius y su hijo Isaac (un nombre que ya hemos encontrado, y que deberemos volver a encontrar). Tras la muerte de Isaac, sus libros fueron ofrecidos a la biblioteca de la universidad de Oxford, la Bodleian Library: el filólogo inglés Richard Bentley[72] hizo todo lo posible para que su universidad los comprara, pero a pesar de sus esfuerzos los libros terminaron en Holanda.

Cuando, en 1596, a los sesenta años, Sylburg murió, yo permanecí en Alemania, en Heidelberg, en la que —al menos así creía yo— estaba destinada a ser mi morada definitiva.

9

Mi entrada en la Biblioteca Palatina de Heidelberg tiene una fecha precisa

Mi entrada en la Biblioteca Palatina de Heidelberg tiene una fecha precisa. En 1602, el nuevo bibliotecario, Jan Gruter, que había remplazado a Paulus Melissus (el poeta neolatino que pocos años antes había sustituido a Sylburg)[73], registró mi llegada asignándome el número 443 y escribiendo en la primera página, al final del antiguo índice compilado por Constantino de Rodas, la nota «*est Bibliothecae Palatinae*», con la cual establecía de una vez por todas que a partir de ese momento yo era un libro en posesión de la Biblioteca Palatina.

Ciertamente no podía quejarme de la nueva casa que me había tocado en suerte. Fundada en la segunda mitad del siglo XVI por Otón Enrique de Wittelsbach, príncipe elector del Palatinado (de ahí que la biblioteca se llame Palatina), comprendía más de 3.500 manuscritos. Puesto que Otón Enrique había sido quién impuso la Reforma protestante en su estado, la universidad se había convertido, con su preciosa biblioteca, en un centro cultural importante para los protestantes —y de esto, como veremos en breve, me vinieron no pocos problemas. Pero no adelantemos el curso de los acontecimientos.

Al catálogo de libros de la biblioteca que había sido compilado por Sylburg, Gruter añadió, además de mi número, una breve descripción: «Epigramas griegos, acompañados de otros poemas de otros poetas publicados hasta el día de hoy solo en mínima parte» (*Epigrammata Graeca, alia(que) illa aliorum poetarum hactenus minima parte sui edita*).

Entre los que frecuentaban los pasillos de la biblioteca, alguien comenzó a prestarme atención. El primero fue un tal Gottfried Jungermann, que me tomó en mano y hojeó más o menos hacia 1605, pero me posó de inmediato, porque no podía entender mi escritura[74]. Para leerme se necesitaba alguien más experimentado, o más motivado —como Gruter, por ejemplo.

Jan Gruter era un verdadero ciudadano europeo: nacido en Amberes, en Flandes, de padre holandés y madre inglesa, había vivido gran parte de su vida en Alemania; después de haber pasado un breve período entre Wittenberg y Rostock, enseñaba en la Universidad de Heidelberg desde hacía diez años. A título personal no tenía un interés particular por los epigramas literarios, porque era más bien un gran aficionado a los verdaderos epigramas, es decir, a las inscripciones y epígrafes. No es casualidad que su fama póstuma se deba sobre todo a las *Inscriptiones antiquae totius orbis Romani*, dos enormes volúmenes publicados precisamente en Heidelberg entre 1602 y 1603 que contienen, como reza el título, *Las inscripciones antiguas de todo el mundo romano*. Pero, aunque sus pasiones tuvieran otros objetivos, Gruter no tardó en comprender mi importancia y, en lugar de guardarla para sí (como habían hecho hasta ese momento casi todos los que le habían precedido), me dio a conocer a alguien más.

Cuando en los manuales que se ocupan de la historia de la tradición de los clásicos se menciona mi denominado «redescubrimiento», a saber, la difusión de la noticia de que en la biblioteca de Heidelberg se escondía un valioso manuscrito que contenía tantas poesías hasta ese momento desconocidas, siempre se cita la carta que Gruter envió, presumiblemente entre finales de febrero y principios de marzo de 1607, a José Justo Escalígero, un célebre filólogo francés de origen italiano[75].

En esta carta, que lamentablemente se ha perdido (pero que podemos reconstruir parcialmente gracias a la respuesta de Escalígero, que en cambio se ha conservado), Gruter no solo lo puso al tanto de mi existencia, sino que también copió el texto de algunas de mis poesías hasta ese momento desconocidas. Escalígero le respondió rápidamente el 3 de marzo, diciéndole que con los raros epigramas que Gruter le había enviado como muestra se le había hecho la boca agua (*quantam salivam mihi movisti!*)[76]. ¡Y lo creo bien! Entre los textos copiados por el bibliotecario de la Palatina había, de hecho, algunos de los epigramas más libidinosos del quinto libro. Miren este, por ejemplo:

«Después de acostar en la cama a Dóride de trasero color rosa,
me convertí en un dios entre las flores verdes de su juventud.
Dóride me sostuvo apretado entre sus impresionantes piernas
corriendo, tenaz, la carrera de Afrodita, mirándome

con ojos lánguidos que temblaban. Como las hojas al viento,
   sus ojos color púrpura temblaban ante sus suspiros,
hasta que ambos derramamos nuestro blanco vigor,
   y, con los miembros relajados, Dóride se dejó caer».

Escalígero, profesor de griego en la universidad de Leiden, copió todos los textos recibidos de Heidelberg (de nuevo, las poesías homo de Estratón, más otros epigramas, y otros textos decididamente más inocentes, como por ejemplo la descripción de Santa Sofía de Pablo Silenciario) en un manuscrito, el B. P. G. 34 B, que hoy también se encuentra en la biblioteca de la universidad de Leiden, junto a los libros de Stephanus y de Sylburg[77]. Los epigramas contenidos en este manuscrito (cuya sigla indica que son los manuscritos «Griegos» de la «Biblioteca Pública») a su vez fueron copiados en otros dos volúmenes.

El primero de estos dos manuscritos (que podría, por tanto, definir, afanosamente, como «mis primeros sobrinos») se encuentra ahora en Leipzig, bajo el nombre de *Lipsiensis* Rep. I 4 55 (donde el número 4 significa, como ya hemos visto, *in-quarto*, es decir, su formato) —sobre este manuscrito volveremos más adelante. El segundo, que parece haber sido copiado por el filólogo flamenco Daniel Heinsius, uno de los alumnos más geniales de Escalígero, gran estudioso de Ovidio y Séneca[78], viajó aún más lejos, terminando incluso en Rusia, en San Petersburgo, donde se encuentra todavía bajo el nombre de *Leninopolitanus* 148[79].

Sin embargo, fue un joven estudioso francés quien dio a conocer todos estos otros epigramas a Escalígero, y fue el primero en dedicarme una atención especial —aunque esta atención no fue tan grande como hubiera querido. Su nombre es Claude Saumaise, y entre todos aquellos que de un modo u otro me tuvieron entre las manos durante esos primeros años del siglo XVII, fue el que dio a conocer mi existencia a la «República de las letras».

Nacido en Semur-en-Auxois, un pequeño pueblo en el corazón de Borgoña, en 1588, Saumaise llegó muy joven a Heidelberg. Era el otoño de 1606 (¡piensen, no había cumplido aún dieciocho años!). Iba con la intención de estudiar derecho con el jurista francés Denis Godefroy[80]. No fue por casualidad que había ido a Alemania: lo había enviado Isaac Casaubon, el célebre filólogo calvinista que había sido su profesor de griego en París[81]. Entre las muchas cartas que le envió desde Alemania, Saumaise contaba con entusiasmo a su maestro todos los descubrimientos que hacía en los meandros de la biblioteca, donde hallaba autores hasta ese momento completamente desconocidos: los *Ethnika* de Esteban de Bizancio[82], los *Amores de Rodante y Dosicles* de Teodoro Pródromo[83] y otros más que no merece la pena recordar aquí.

Pero cuando Saumaise me vio (fue Gruter quien hizo las presentaciones), fue un flechazo amoroso a primera vista. Escribió inmediatamente una carta repleta de entusiasmo a Casaubon el 5 de enero de 1607, señalando que había descubierto un tesoro: poesías inéditas de Calímaco, Safo, Anacreonte —incluso las poesías escandalosas de Estratón, definidas como «epigramas obscenísimos y desvergonzadísimos» (*spurcissima et flagitiosissima*). Un mes después, Casaubon le respondió, diciéndole que estaba muy contento por él —pero también un poco celoso, porque sus múltiples compromisos docentes lo mantenían atado a París y le impedían correr a Heidelberg para leerme.

Más o menos en esos mismos días, Casaubon escribió también a Escalígero para informarle del descubrimiento de Saumaise; Escalígero (que, como hemos visto, había sido previamente informado por Gruter) respondió a Casaubon diciéndole que ya había oído hablar del descubrimiento hecho por el joven dijonés y que había leído algunos epigramas. Desde ese momento, es decir, desde la primavera de 1607, comenzó un estrecho intercambio epistolar entre el joven Saumaise y el anciano Escalígero: el primero enviaba al segundo los epigramas, tras copiarlos de mis páginas, mientras que el segundo daba al primero valiosos consejos sobre cómo elaborar una edición de mis epigramas.

Pero se sabe que los jóvenes, cuando se dejan llevar por el entusiasmo que caracteriza su edad, no son capaces de concentrarse durante mucho tiempo en un único tema. Y así fue como Saumaise, que tenía una miríada de intereses, en ese momento prefirió dedicarse a otros autores (dígase entre paréntesis, y con un poco de envidia: mucho más aburridos, y mucho menos interesantes que yo), como por ejemplo al historiador latino tardío Floro[84].

Regresado a Dijon, en su nativa Borgoña, en 1609, Saumaise pareció haberse olvidado completamente de mí. Entre otras cosas, la muerte de Escalígero, ocurrida justo a principios de ese año, lo privó de lo que podría haber sido una gran ayuda para la edición de los epigramas que había previsto editar.

Sin embargo, unos años más tarde, Saumaise decidió retomar el trabajo sobre mis epigramas que había descuidado (a causa del maldito Floro) cuando estaba en Alemania. Gracias a las buenas gestiones de Jacques-Auguste de Thou (que fue Gran Maestro de la Biblioteca del Rey en París en el tiempo de Enrique IV)[85], Saumaise logró que Heidelberg me enviara primero (en 1614) a París y luego (en 1615) incluso a Dijon.

Todavía se conserva la carta (tiene data de 2 de agosto de 1615) en la que Saumaise pidió a J.-A. de Thou poder prolongar su préstamo interbibliotecario:

«No es que vaya a tenerlo mucho tiempo. La única cosa que quiero hacer es verificar con el original la copia que hice cuando estaba en Alemania. Aún era muy joven entonces, y no poseía una gran experiencia en la lectura de manuscritos, porque me la hice precisamente sobre ese volumen, que no es uno de los más fáciles, ni tampoco de los más manejables. Tengo buenas razones para creer que he pasado por alto muchos detalles que ahora podría anotar, porque ahora poseo más experiencia que la que tenía entonces».

Sin embargo, ni siquiera esta vez, Salmasius (así era el nombre latino con el que había comenzado a identificarse) logró, lamentablemente, llevar a cabo la primera edición completa de todos los epigramas que contengo. Distrayéndose una vez más con otro trabajo (había empezado a trabajar en el comentario de la *Historia Augusta*, una recopilación de biografías de emperadores romanos —usurpadores incluidos— desde Adriano, que sería publicado en 1620[86]), me descuidó justo como había hecho unos años antes en Alemania.

Para conseguir ver todos mis epigramas en impresión tendría que esperarse casi dos siglos más. Cuesta creerlo, si se piensa en cuántos autores griegos y latinos, conocidos y menos conocidos, ya habían sido publicados en los casi dos siglos transcurridos desde la invención de la imprenta. Sin embargo, afortunadamente, gran parte de las numerosas copias (parciales) y las anotaciones (a veces geniales, a veces no tanto) de Saumaise sobreviven en muchos testimonios de ese siglo y del siguiente. Aunque era muy celoso de su descubrimiento, envió algunas copias de mis epigramas a varias personas: no solo a Casaubon y a Escalígero, sino también a François Guyet (un personaje que volveremos a encontrar más adelante), y sobre todo a otro de sus antiguos maestros, llamado Jacques Guyon[87].

En cuanto comprendió que nunca podría publicarme, Saumaise solicitó, en un primer momento, la colaboración de algún joven estudiante, dirigiéndose primero a Henri Valois y luego a Ezechiel Spanheim, un ginebrino que se había convertido en profesor de teología a los veintidós años[88]. Pero, puesto que con el tiempo su carácter se había empeorado, en las dos ocasiones Saumaise cambió de opinión, dejando caer en el olvido el proyecto. Murió en Spa en 1653, habiéndose olvidado de mí y de mis epigramas.

Con todo, mi regreso a la Biblioteca Palatina, tras la breve (y no muy útil) estancia en Borgoña, no fue en absoluto el último de mis viajes. Sobre el destino de la pobre Europa continuaban cerniéndose negras nubes, de las cuales caería una lluvia violenta que me reduciría (literalmente) a una situación penosa.

10

En 1618 estalló la guerra de los Treinta Años

En 1618 estalló la guerra de los Treinta Años. El inicio de este nuevo conflicto provocado por cuestiones religiosas tuvo lugar en Praga, la capital de Bohemia, que no estaba lejos del Palatinado, la región donde me encontraba. Los habitantes de esa ciudad, que eran en gran parte protestantes, se habían rebelado ante el nombramiento como rey de Bohemia del católico Fernando II de Habsburgo, dispuesto por el emperador Mateo. Habían arrojado por las ventanas del castillo a los dos embajadores enviados por el emperador (es la famosa «defenestración de Praga» de la que hablan todos los manuales de historia). Federico V, que era entonces el príncipe-elector del Palatinado, eligió defender la causa de los protestantes contra los católicos. Craso error: derrotado en noviembre de 1620 por el ejército imperial en la batalla de la Montaña Blanca, Federico se vio obligado a irse al exilio. El 16 de septiembre de 1622, tras casi tres meses de asedio, las tropas católicas, capitaneadas por el general Johann Tserclaes, más conocido con el título nobiliario de «conde de Tilly»[89], hicieron su entrada triunfal en la capital del Palatinado (Heidelberg, en este caso).

En diversas ocasiones me he preguntado si existe un vínculo entre mí y todas estas guerras que se entrelazan con mi historia. Y también me he cuestionado si, para ustedes, mis lectores, no son demasiadas las guerras que se mencionan en este libro y no son demasiados los soldados caídos en todas las guerras que marcan los puntos cruciales de mi existencia. Pero la respuesta que siempre he dado a estas cuestiones es que, a pesar de que las guerras, y sobre todo los muertos, son demasiados, la culpa no es mía, sino de los hombres que escriben la historia, porque durante demasiados siglos la historia ha sido siempre una historia de guerras —y las guerras siempre han tenido como consecuencia la muerte.

Pero hay también otra cosa que me atrevo a subrayar. Los muertos, lamentablemente, no están solo detrás de mí: también están dentro de mí. En el séptimo libro, entre los epigramas sepulcrales, hay muchos que recuerdan el heroísmo de los soldados, sobre todo los caídos en las batallas más famosas de la historia antigua, como el sintético epigrama compuesto por Simónides para los trescientos espartanos guiados por Leónidas que cayeron en las Termópilas en el 480 a. C., combatiendo contra el ejército persa:

«Extranjero, anúnciales a los lacedemonios que aquí estamos sepultados nosotros, obedeciendo sus leyes».

Junto a estos epigramas, que celebran hazañas que han perdurado en los libros de historia, se encuentran, sin embargo, otros donde la muerte está despojada de todo resplandor glorioso, porque, cuando un joven soldado muere, la consecuencia es a menudo el dolor de un padre anciano que ve morir a uno de sus jóvenes hijos antes que él. Lean este epigrama:

«Esta tumba la levantó un padre a su hijo. Lo contrario habría
[sido lo justo,
pero la envidia de los dioses fue más rápida que su justicia».

No estoy muy seguro de que el epigrama describa precisamente la sepultura de un joven soldado. Pero no hay nada como el absurdo cambio de la lógica temporal que regula la relación entre padres e hijos que pueda mostrar de modo más evidente y eficaz la falta de sentido de la guerra.

Con todo, la muerte de los soldados no es la única consecuencia de cada guerra. Cuando una ciudad cae, la siguiente consecuencia grave (lo hemos visto con las dos «caídas» de Constantinopla, en 1204 y en 1453) es el saqueo. Y, junto a las riquezas públicas y privadas, ¿cuáles son las otras cosas que se saquean? Los libros de las bibliotecas, por supuesto —y, en este caso, los libros de aquella donde yo estaba custodiado. El gran elector de Baviera, el duque Maximiliano I, ferviente católico, para compensar los considerables subsidios que había recibido del Estado Pontificio para financiar la guerra (veinte mil florines al mes, no menos), decidió regalar al papa Gregorio XV los valiosos códices que estaban en la Biblioteca Palatina —todos los manuscritos, que como he dicho eran más de 3.500, y no únicamente los griegos y latinos.

Después de agradecerle con palabras repletas de entusiasmo («No encontramos palabras para expresar la alegría que hemos sentido por el don a la

santa Iglesia romana, tan bienvenido, y por el nombre
bávaro tan glorioso, que tú, como el más piadoso entre
todos los vencedores y al mismo tiempo como documento de la derrota de la herejía, has querido ofrecer
al príncipe de los apóstoles y a nosotros, dado que
ello contribuirá a confirmar la verdadera fe católica.
¿Quién no reconocerá que tú, con tu vivo deseo de
sacar de aquellos lugares la Biblioteca Palatina, rica en
obras maravillosas, para unirla a la Vaticana, arrancas
de las pérfidas manos de los herejes las armas de doble
filo que estos, padres de la mentira y sostenedores de
máximas perversas, empuñan sin tregua para destruir
la verdad de la salvación?»), el papa envió a Alemania
a León Alacio, un filósofo y teólogo griego originario
de Quíos, «escritor» de la Biblioteca Vaticana, con la
tarea de encargarse del transporte de los volúmenes[90].
Hacia Italia, como escribe Alacio, debían partir
«todos los manuscritos de cualquier lengua» (y también una buena parte de los libros impresos).

Cabe decir que no fue nada sencillo para el estudioso griego (llegado a Alemania en la segunda mitad
de diciembre tras un viaje de dos meses) organizar
nuestro transporte. No solo éramos muchos, sino que
también éramos muy pesados.

En total, ocupábamos casi doscientos cajones: 184
contenían los volúmenes destinados a la Vaticana,
mientras que en otros doce estaban los volúmenes
que terminarían en la biblioteca personal de nuestro
«tutor». Por esto Alacio hizo algo que un verdadero
bibliófilo nunca habría hecho ni siquiera bajo tortura:
nos privó de nuestras encuadernaciones originales,

quitando las cubiertas de madera que nos protegían y dejándonos desnudos, con las valiosas hojas de pergamino expuestas a los desgastes.

Pero hubo otros problemas. Al principio, pareció que era imposible para el pobre Alacio encontrar los carros que debían transportarnos a Roma. Ningún habitante de Heidelberg estaba dispuesto a poner a disposición del papa, independientemente del precio, ni siquiera una carretilla para permitir la partida de los valiosos manuscritos. Tuvo que intervenir el conde de Tilly en persona para convencer al alcalde de Ellwangen, una ciudad que se encuentra a unos cincuenta kilómetros al este de Heidelberg, para conseguir un número suficiente de carros. Sin embargo, que la cosa no resultó muy bien acogida por los habitantes protestantes de la ciudad conquistada por los católicos lo prueba la petición planteada por el mismo alcalde, que pidió a Tilly el permiso de no llegar con los carros precisamente hasta el centro de Heidelberg, sino detenerse a medio camino, en el pueblo de Bad Wimpfen, a la espera de que nosotros llegáramos transportados por una barcaza a lo largo del río.

Desafortunadamente, habida cuenta de que ese fue un invierno muy frío, el Neckar estaba helado, y, por tanto, una solución como esa fue impracticable. Una pena: después de haber viajado mucho por los mares (una vez por el Adriático y muchas veces por el Canal de la Mancha), no me habría disgustado hacer por una vez un viaje por un río. Quizás me habría evitado el vaivén de los carros provocados por los caminos que, en esos años, eran todo menos lisos (sin mencionar los daños provocados a la superficie de las rutas europeas por las guerras interminables).

Después de superar todos estos obstáculos y de finalizar la complicada fase de embalaje, el 14 de febrero de 1623, Alacio logró finalmente partir con su valiosísimo cargamento para llegar, después de un par de semanas, a Múnich. De aquí partimos todos rumbo a Italia: tras pasar por el Tirol y la Valtelina, Milán y Pavía, Ferrara y Bolonia, hicimos nuestra entrada entre las murallas de la ciudad leonina en pleno verano, en un momento turbulento, entre la muerte de Gregorio XV (quien precisamente no tuvo el gusto de vernos llegar) y la elección de Urbano VIII.

Pasados unos años, en 1632, el conde de Tilly fue derrotado por el ejército sueco, guiado por el rey Gustavo II Adolfo; el duque Maximiliano se vio obligado a huir de Múnich, la capital de su reino, invadida por los protestantes escandinavos vencedores.

Pero debo confesar que la cosa me dejó completamente impasible, porque en esos primeros años romanos mi vida había cambiado de nuevo. En primer lugar, en la página interna de mi nueva encuadernación (que me había sido dada para remediar los daños causados por la desventurada decisión de Alacio) se había pegado el exlibris con el escudo bávaro. Encargado por el duque a la familia de los célebres grabadores Sadeler y preparado en Múnich durante nuestra etapa en Baviera, el exlibris estaba coronado por un texto que recordaba cómo, en otro tiempo, había formado parte de la biblioteca de Heidelberg, la cual, tras la toma de la ciudad, había sido donada al papa máximo Gregorio XV por Maximiliano, señor de las dos Bavieras, Gran Maitre d´Hôtel del Sacro Imperio Romano Germánico, y príncipe elector como trofeo de guerra (*Sum de Bibliotheca, quam Heidelberga capta, Spolium fecit & P. M. GREGORIO IX trophaeum misit Maximilianus Utriusque Bavariae Dux & S.R.I. Archidapifer et Princeps Elector*).

El otro cambio se refiere a mi número. Pueden ustedes imaginar cuál era la confusión que reinaba en mi nueva residencia, con la llegada de todos estos libros al mismo tiempo, y además en un momento dramático como el desarrollo de un cónclave[91]. Para resumir, en el caótico desorden de la biblioteca me perdí, de tal forma que, en la primera lista compilada por el responsable de mi traslado, mi número alemán (el 443) fue asignado por error a otro libro, un manuscrito que contenía *Los amores de Leucipa y Clitofonte*, una novela de aventuras escrita en el siglo II d. C. por Aquiles Tacio[92].

Nicolás Alemanni, que en el momento de mi llegada era el «custodio» de la Biblioteca Vaticana, no se preocupó mucho por el asunto —con todos los problemas que tenía, es más que comprensible[93]. Pero, por fortuna, Felice Contelori[94], su sucesor, quien accedió al puesto en 1626, logró encontrarme. Cuando, en 1628, Contelori decidió dar una nueva numeración a los manuscritos que habían llegado de Heidelberg, primero eligió para mí el 280 y luego el 299, señalando en una nota de su nuevo catálogo manuscrito que al número 443 correspondían dos libros, porque, habiendo creído que yo me había perdido, los catalogadores habían dado mi número heidelberguense al manuscrito que contenía a Aquiles Tacio («Al n° 443 corresponden dos libros, y esto es causado porque, en lugar de los *epigramm(ata) graeca*, que se creía que se habían perdido, han puesto a Aquiles Tacio en el índice hecho en Roma. Sin embargo, en el índice de Heidelberg, *epigramm(ata) greca sunt num.* 443»).

Cuando Contelori abandonó Roma, Alacio decidió cambiar todo por enésima vez y prefirió volver a la antigua numeración alemana. Pero, dado que el 443 ya estaba «ocupado», en 1641 Alacio me dio un nuevo número, el 33, que correspondía a un manuscrito que, en el traslado de la biblioteca, se había perdido.

La pérdida de mi número alemán no fue un asunto menor —y verán ya en el próximo capítulo que en Roma hubo otros problemas similares. ¿Por qué? Porque para un libro, el número lo es todo: sin su número —o, para usar el término más correcto, sin su signatura, que muestra su lugar preciso o ubicación en los laberínticos estantes de la biblioteca que lo custodia— un libro pierde no solo su identidad, sino que se hace extremadamente difícil de encontrar.

Con todo, la confusión estaba destinada a tener, como veremos en breve, consecuencias decididamente mucho más graves. Después de ese enésimo viaje, después de haber recorrido una vez más los caminos de Europa para regresar a los límites naturales de la península italiana que había abandonado con Erasmo de Róterdam a principios del siglo XVI, no logré resistir y me rompí en dos partes, la primera más grande y la segunda más pequeña.

II

Estaba convencido de que la Biblioteca Vaticana sería mi residencia definitiva

Estaba convencido de que la Biblioteca Vaticana sería mi residencia definitiva. Pero, desgraciadamente, me equivocaba. Y es una lástima, porque no me puedo quejar del trato que recibí a mi llegada: tras haber sido encuadernados de nuevo, casi todos fuimos depositados en unas estanterías diseñadas especialmente para nosotros, pues no nos mezclaron con otras colecciones. Los únicos que no recibieron un lugar privilegiado fueron los cerca de trescientos manuscritos orientales, sobre todo hebreos, pero también árabes, etíopes, indios, siríacos, eslavos y turcos, que terminaron dispersos por las secciones consagradas a sus respectivos idiomas. Cada uno recibió una numeración nueva —excepto nosotros, los manuscritos griegos, que, como ya he dicho, pudimos finalmente conservar (con algunas excepciones, y sabes bien a qué me refiero...) el número que se nos había asignado en Alemania. En el inventario elaborado a finales del siglo XVII, en la época en la que era prefecto de la Biblioteca Vaticana Emmanuel Schelstrate, mi número era (como acabo de decir hace un momento) el 33[95].

Estábamos verdaderamente bien en las nuevas salas de la biblioteca: a finales del siglo anterior, el papa Sixto V solicitó a Domenico Fontana, su arquitecto favorito (se trata del mismo Fontana que había construido el nuevo Palacio de Letrán), que diseñara las planos de una biblioteca más amplia para sus libros[96]; en 1590 todas las colecciones habían sido transferidas a esa nueva morada, que tenía como obra maestra el maravilloso salón Sixto V, una enorme sala con dos naves de setenta metros que se puede admirar cuando visitamos los Museos Vaticanos.

Los amigos que me hacían compañía en los estantes eran figuras de primer nivel —y eso es especialmente válido para un determinado número de manuscritos latinos. Allí estaba el «Virgilio vaticano», el manuscrito ilustrado que contiene una obra literaria clásica más antiguo, copiado entre los siglos IV y V antes de Cristo, que había pertenecido al cardenal Pedro Bembo y había sido estudiado por los principales pintores del siglo XVI (incluido Rafael) antes de terminar en las colecciones vaticanas[97]; allí estaba el «Virgilio augusteo», que consta de cuatro folios preciosos escritos hacia finales del siglo V y comienzos del VI donados a la biblioteca por el coleccionista Fulvio Orsini[98] (a quien, por su parte, se lo había regalado el humanista francés Claude Dupuy[99]); allí estaba el «Virgilio romano», otro manuscrito adornado con espléndidas miniaturas escrito en el siglo V[100]. Pero mi preferido era un manuscrito que contenía las seis comedias de Terencio, también con ilustraciones (¡tiene cerca de ciento cincuenta ilustraciones!), copiado hacia el año 825 por un monje llamado Hrodgarius en la abadía benedictina de Corbie[101].

En Roma, como ya había ocurrido en Heidelberg, cuando me repuse del trauma que sufrí por haber sido dividido en dos partes, disfruté también de una vida tranquila, marcada, en general, como en el pasado, por algunas extrañas visitas profesionales que engendraron nuevas copias (y nuevos descendientes) que fueron esparcidas por toda Europa. La única diferencia consistió en la nacionalidad (y, en consecuencia, la religión) de los eruditos: en Alemania, aparte de los alemanes, me visitaron franceses, holandeses y belgas (en su mayoría protestantes), mientras que en el Vaticano fueron sobre todo italianos (casi todos católicos) los que vinieron a consultarme.

En esta ocasión tampoco hubo ningún sabio que fuese capaz de traducir, comentar y editar todo mi contenido, que permanecía todavía inédito. Debo admitiros que esto era para mí causa de profundo sufrimiento: mientras que la *Antología* de Máximo Planudes continuaba teniendo un gran éxito en toda Europa, yo permanecía desconocida, o casi. Y eso que esa antología es mucho más reducida que la mía: aproximadamente dos mil cuatrocientos epigramas, repartidos en siete libros, frente a mis más de tres mil seiscientos poemas aproximadamente, repartidos en quince libros. Después de la primera edición de 1494[102], la pequeña antología del monje bizantino fue impresa dos veces por Aldo Manucio, la primera vez en 1503 (con el título ya mencionado de *Antología de epigramas variados recopilados por Máximo Planudes y dividida en siete libros*, con algunas anotaciones añadidas por Aldo Manucio), y la segunda, con exactamente el mismo título, en 1521[103].

Fue el suegro de Aldo, Andrea[104], quien tomó la decisión de sacar esta última reimpresión para así contrarrestar la edición que había sido publicada en 1519 por una imprenta rival, la dirigida por los hermanos Giunta, los florentinos[105]. Esto significó el pitido de salida de una competición en la que participaron los editores de media Europa: en 1531 se publicó en París la primera edición francesa, conocida como «ascenciana», impresa por Josse Badius (igualmente conocido como «Ascencius», porque nació en Asse, en la Brabante flamenca, no lejos de Bruselas)[106]: en 1549 apareció en Basilea la edición dirigida por Jean Brodeau para las prensas de Jerónimo Froben y Nicolás Epíscopo[107]; al año siguiente, en 1550, fueron los hermanos Juan y Pedro Nicolino, originarios del valle Sabbia, al norte de Brescia, pero activos en Venecia, como Manucio, los que la editaron en la imprenta de Melchor Sessa[108]; en 1566 salió la edición de Stephanus de la que ya he hablado previamente. Y esta floración de ediciones (que despertó el entusiasmo de todos los helenistas) tuvo lugar mientras yo hacía la travesía entre Inglaterra y Europa continental escondido en el fondo de un baúl, tras la estela de un médico que solo tenía ojos para su muy querido Galeno.

La situación tampoco cambió después de haber llegado tan penosamente a Roma. En lo que a mí respecta, en efecto, nadie logró terminar la difícil tarea de publicarme: ni el terrible Alacio (que, en 1661, había acabado siendo nombrado «custodio» del Vaticano, cargo que ocupó durante ocho años, hasta 1669, año de su muerte), ni Lucas Langermann[109], ni Jacques Philippe d'Orville[110], ni Lukas Holste[111].

Siguiendo el consejo del filólogo holandés Isaac Vossius, el joven Langermann había realizado un largo y penoso viaje desde Hamburgo a Roma para consultarme en persona y comparar el texto de mis epigramas con el de los epigramas de Planudes. Esta no fue una iniciativa espontánea, ¡todo lo contrario! Aunque sus relaciones personales habían sido buenas, al menos al principio, Vossius odiaba profundamente a Saumaise por al menos tres razones: en primer lugar, porque a la muerte de Escalígero le había quitado la cátedra de literatura griega de la Universidad de Leiden; en segundo lugar, porque, cuando ambos coincidieron en Suecia en la corte de la reina Cristina, se enzarzaron en un violento debate que tuvo como consecuencia el alejamiento de Vossius de la capital escandinava; en tercer lugar, porque, aunque Saumaise tuvo la suerte de poder hojearme más de una vez, se había mostrado en general bastante celoso de su descubrimiento y aún no se había decidido a publicar mis epigramas.

Ese fue el motivo por el que a Vossius se le ocurrió el plan de utilizar a Langermann (quien, siendo joven, estaba dispuesto a hacer cualquier cosa para complacer a un erudito tan célebre como el filólogo holandés) para obtener un texto de mis epigramas que fuese más fiable que el copiado por Saumaise. Pero cuando Langermann regresó a Alemania y le comunicó los frutos de su arduo trabajo, sufrió una gran decepción, porque Vossius le dijo que ya no necesitaba mis epigramas, pues había decidido olvidarse del tema. El motivo de su comportamiento fue muy simple —y no tuvo nada que ver conmigo, ni con mis poemas: en 1653, mientras Langermann me copiaba penosamente en el Vaticano, Saumaise moría en Spa, y desde entonces Vossius ya no sintió el más mínimo interés por mis epigramas, dado que él solo quería publicarlos para asestarle un buen golpe a Saumaise[112].

En cuanto a d'Orville, que era un erudito nacido en Ámsterdam en una familia protestante, me consultó en el siglo siguiente, cuando, entre 1723 y 1729, realizó una serie de largos viajes al corazón de Europa. Cuando comprendió, sin embargo, que sus habilidades filológicas no estaban a la altura de las de sus más ilustres contemporáneos, dejó de lado el estudio de los clásicos y decidió que se haría famoso sobre todo como coleccionista de manuscritos y libros antiguos que se pueden encontrar hoy en la Biblioteca Bodleian de Oxford. Pero también él contribuyó, al menos en parte, a la difusión de algunos de mis epigramas: en los ricos comentarios que escribió para su edición de una novela griega, *Los amores de Quéreas y Calirroe*, obra de Caritón de Afrodisias publicada en 1750, podemos leer unos cien epigramas, de los cuales treinta y ocho no habían sido nunca antes impresos hasta entonces, habiendo sido descubiertos por él en mis páginas durante su estancia en Roma[113].

Al comentar un pasaje del primer libro de la novela, d'Orville cita, por ejemplo, el epigrama de una antología que califica como «inédita» y ese epigrama no es sino una de las composiciones que yo soy el único que conservo[114]:

> «¡No veo ya al guapo Dionisio! ¿Acaso te lo has llevado tú, [padre Zeus,
> para que escancie el vino a los inmortales como otro copero?
> Águila, este hermoso niño, mientras batías tus alas ágilmente, ¿cómo te lo llevaste? ¿Le has dejado alguna marca de tus garras?».

En cuanto al otro erudito de Hamburgo, Lukas Holste (o, para usar su nombre latino, Lucas Holstenius), que fue «guardián» de la Biblioteca Vaticana hasta 1661 (justo antes que Alacio), os puedo comentar que también me consultó y transcribió algunos de mis epigramas. Pero estos no fueron publicados hasta después de su muerte en su comentario de las *Étnicas* de Esteban de Bizancio, una obra geográfica compuesta en el siglo VI a. C. en forma de enciclopedia que apareció póstumamente en 1684, *Notae et castigationes in Stephani Byzantini Ethnica* —una obra que, como habéis visto ya previamente, había igualmente suscitado el interés de Saumaise durante su estancia en Alemania[115].

Las personas que he citado no son más que algunas de las que, entre los siglos XVII y XVIII, frecuentaron la Biblioteca Vaticana, que, mientras tanto, seguía creciendo cada vez más: en 1657 llegaron los volúmenes de la biblioteca de los duques de Urbino, creada por deseo del duque Federico de Montefeltro (entre ellos los ciento sesenta y cinco manuscritos conocidos como *Urbinati Graeci*)[116]: en 1690 ingresaron los que había reunido Cristina, la reina de Suecia (entre ellos

los ciento noventa manuscritos *Reginenses Graeci*)[117]; en 1746 se adquirió la biblioteca de Alejandro Gregorio Capponi, el último heredero de la rama romana de una familia noble de origen florentino (con los manuscritos *Capponiani*, unos trescientos aproximadamente[118]); dos años más tarde, en 1748, se unieron a las colecciones vaticanas los libros que poseía la familia Ottoboni (los manuscritos *Ottoboniani*, entre los que cerca de quinientos contienen textos griegos)[119].

Otros eruditos, que citaré en el próximo capítulo, también rehusaron publicar todos ellos en la misma época, al menos en gran parte, mis epigramas. Y lo hicieron sin consultarme. Sé que puede parecer absurdo, pero fue así.

12

¿Recuerdas la copia
de la copia de Escalígero?

¿Recuerdas la copia de la copia de Escalígero? ¿Esa que ha sido finalmente reencontrada en Leipzig con signatura *Lipsiensis* Rep. I 4 (in quarto) 55)?[120]. Pues bien, basándose justamente en ese manuscrito, que se conoce como *apographum Lipsiense* (en la lengua técnica de los paleógrafos, «apógrafo» significa precisamente copia) Johann Jakob Reiske, un filólogo de Sajonia, publicó en Leipzig, en 1752, los epigramas homosexuales de Estratón y, dos años más tarde, en 1754, un conjunto importante de otros epigramas (votivos y funerarios)[121].

Ni la segunda, ni, con más motivo, la primera fueron ediciones completas, es verdad, pero por primera vez el mundo podía leer en un libro impreso y sin tener que salir de casa un número determinado de epigramas griegos, que, sin mí, se hubiesen perdido para siempre. Como Reiske era un erudito de primer orden (fíjate si era tan erudito que sabía árabe a la perfección[122]), publicó también el texto correcto de ciento cincuenta y cuatro epigramas que el holandés Johannes Jens, decano de la Universidad de Dordrecht, había publicado (muy mal) en 1742[123].

El primer epigrama de esta última *Antología* (compuesto por Antífilo, un poeta que vivió en el siglo I d.

C.) recoge las palabras ambiguas pronunciadas por un barco que, después de haber servido por un tiempo, mientras permanecía anclado en un puerto, de prostíbulo, tras ser reparado (gracias al dinero pagado por los clientes), se declara listo para surcar los mares de nuevo (sin cambiar de profesión):

«Cierta vez hice negocios con un hombre que
    embarcó a bordo a la Afrodita vulgar;
Reforzó mi quilla para que sobre las olas
    Cipris me vea vagando, yo que vengo de tierra firme.
Mi tripulación está formada por prostitutas;
    mis velas son de gasa y un maquillaje rojo claro
cubre mis tablas. Marineros, embarcad todos
    sin miedo: ¡puedo soportar muchos remeros!».

Por otra parte, gracias a Reiske el mundo supo por primera vez el nombre de mi abuelo: el título de la segunda antología, la más rica, comienza en efecto con las palabras *Tres libros de la Antología Griega recopilados por Constantino Céfalas*.

La composición que abre la sección «funeraria» (la descripción de la tumba de Safo) es un epigrama que solo se puede leer en mí:

«¡Oh tierra de Eolia!, tú recubres a Safo, a quien cantamos
    entre las Musas inmortales como musa mortal,
criada al unísono por Venus y Eros, quienes junto con Persuasión
    tejieron las coronas perennes de las Piérides,
Para Grecia una alegría y para ti una gloria. ¡Oh Moiras
    que hacéis girar el hilo de vuestros husos!,
¿Por qué no tejisteis un hilo sin fin para ella
    que cultiva los dones eternos de las Musas?».

Las consecuencias que tuvo la publicación de epigramas inéditos como estos fueron asombrosas —y no solamente en relación a la literatura griega. En 1764, un profesor de filosofía, Christian Adolf Klotz, que era un apasionado de Tasso[124], publicó junto a otros epigramas los poemas de Estratón de Sardes, destacando el nombre de su autor poniéndolo en primer lugar en el título. Su antología se titulaba en efecto *Los epigramas de Estratón y de otros poetas griegos antiguos publicados ahora por primera vez por Christian Adolf Klotz*[125]. Apenas dos años después, en 1766, la imprenta más célebre de Oxford, Clarendon Press, decidió aprovechar el éxito de mis epigramas reimprimiendo la segunda antología de Reiske[126].

Entre las personas que manejaron los libros de este último destaca especialmente una de las figuras más importantes de la Ilustración alemana, Gotthold Ephraim Lessing, quién, en 1770, después de verse obligado a abandonar su querida Hamburgo, fue contratado por el duque de Brunswick, Karl Ferdinand Wilhelm[127], para que se ocupase de sus manuscritos griegos y latinos custodiados en el castillo de Wolfenbüttel[128].

Allí, en la soledad de la biblioteca (él era el único que la frecuentaba), estimulado por la lectura de las dos antologías de Reiske, Lessing escribió sus *Comentarios selectos sobre el epigrama (y sobre algunos de los más ilustres epigramatistas)*[129], ocupándose solo de poetas latinos (Catulo, Marcial y el autor anónimo de los *Carmina Priapea*, autores de los que hablaré más en detalle en el penúltimo capítulo de este libro[130]), sino también de poetas griegos, desarrollando su teoría del epigrama, destinada a tener una gran impacto en el mundo cultural del siglo XVIII, como lo demuestran las numerosas obras que aparecieron siguiendo su estela, entre las que merece ser mencionada *Anotaciones sobre la Antología Griega y en particular sobre el epigrama griego* de Johann Herder, uno de los principales teóricos del *Sturm und Drang* (el movimiento que fue el precursor del nacimiento del Romanticismo en Alemania), en 1785[131].

Volviendo al tema de la difusión de los epigramas que contengo, hay que decir que, si las primeras antologías que acabo de citar eran parciales, la edición de Richard François Philippe Brunck, titulada *Antología de poetas griegos antiguos* y publicada en tres tomos entre 1772 y 1776 en Estrasburgo, ciudad en la que nació, era por el contrario una edición completa[132].

Como gran parte de sus colegas, Brunck no era filólogo, pues su padre le obligó a ocupar un puesto en la administración. Pero mientras se encontraba en Alemania durante la Guerra de los Siete Años como comisario de guerra de la Armada francesa, su cohabitación con un profesor de griego hizo renacer en él su amor por los clásicos[133]. A lo largo de su vida llegó a ser extremadamente prolífico, publicando un número increíble de autores griegos y latinos, desde Aristófanes hasta Sófocles, desde Apolonio de Rodas hasta Terencio[134]. Pero de todos sus trabajos fue precisamente el mío el primero, puesto que comenzó a trabajar en editarme a partir de 1770.

De cualquier modo, su edición no se basó en absoluto en mí, pues (desgraciadamente para él y lamentándolo yo mucho) el filólogo de Alsacia no tuvo nunca el placer de tenerme entre sus manos —y no solo por algunas de las dificultades que marcaron su vida; pensemos que durante la Revolución Francesa, ¡incluso acabó en prisión, acusado de reaccionario!

Como todos los que le habían precedido, Brunck se basó también en alguna de las diferentes copias de mí que logró encontrar —que, en última instancia, descendían de copias parciales hechas más de ciento cincuenta años antes por Saumaise[135]. Pero (y esto es lo que hace que su edición sea bien poco fiable) muestra una confianza excesiva en su propia invención personal, llegando en varias ocasiones, debido a su indiscutible ingenio, hasta el punto de modificar y alterar los pasajes que no le parecían correctos.

Eso no es todo: sin duda porque consideraba que el método seguido por Constantino Céfalas para organizar la materia epigramática no había sido suficientemente racional (no olvidemos que el siglo XVIII fue el «Siglo de las luces»), Brunck desmanteló su organización, clasificando los epigramas por autor (y no por tema) y situando a los autores uno tras otro en orden cronológico —lo que tuvo como consecuencia bien poco lógica el desplazamiento al final del libro de todos los muy numerosos epigramas anónimos (que, a fin de cuentas, ocupan en su totalidad el tercer tomo).

En primer lugar, situó al poeta Meleagro, el autor de la primera antología de epigramas de la Antigüedad[136]. Entre los numerosos epigramas editados por primera vez por Brunck se encuentra el despiadado retrato de la prostituta vieja Timarion (lleno de dobles sentidos, al igual que el epigrama que habéis leído al comienzo de este capítulo):

«Timarion ya no tiene, como antes, el casco
    de un elegante bote de remos de Cipris. Ahora, en la espalda,
como el palo en el mástil de un barco, los hombros se arquean
    y su pelo blanco parece un sudario relajado; las velas al viento
caen marchitas como sus pechos, y la piel de su vientre se curva
    agitada por las olas. Debajo del barco
todo se hace agua, el mar se desborda por la escotilla
    y sus rodillas tiemblan por efecto del balanceo.
¡Desdichado el que tenga que cruzar, vivo y sano,
    el Aqueronte a bordo de este ataúd con remos!».

Esta época asistió a la multiplicación de copias mías y de copias de mis copias: por un lado, la tradición que podríamos denominar germano-holandesa, con las copias de Escalígero (y las demás que ya he mencionado aquí y allí a lo largo del capítulo anterior, que pasaron por las manos de Isaac Vossius y Daniel Hensius); por otro, la que denominamos «tradición francesa», en la que los nombres más importantes son los de François Guyet y Jean Bouhier[137].

El primero, que nació en Angers en 1575, fue el afortunado propietario de un manuscrito que contenía las anotaciones y el comentario crítico que Saumaise había realizado sobre mí. Cuando Guyet falleció, esa copia, que contiene numerosas notas críticas en griego y latín, fue pasando de mano en mano (incluyendo las de Gilles Ménage, que era, como Guyet, de origen angevino y del que Molière se mofa en la comedia *Las mujeres sabias*[138]) y terminó en la Biblioteca nacional de Francia con la signatura *Parisinus Graecus* 2742[139].

El segundo, un jurista de origen borgoñón, como Saumaise, que fue, además de otras cosas, presidente del Parlamento de Borgoña, era también un gran coleccionista de libros[140]. A sus manos llegó una copia que parece que procedía de los numerosos papeles de Saumaise. Esta copia (conocida con el nombre de *apographum Buherianum*) se perdió desgraciadamente durante la Revolución[141]. Antes de desaparecer sin dejar rastro, pasó por las manos de Brunck, quien la utilizó para la edición que acabo de mencionar.

En el origen de las dos tradiciones (que muchas veces se entrelazan) están siempre, como acabo de decir, pero en una proporción que no es fácil de estimar con precisión, las copias realizadas a lo largo de los años por Saumaise y distribuidas por carta no solo entre sus colegas, sino también entre sus amigos.

De mis años en Roma, sin embargo, recuerdo especialmente bien una copia: la realizada por el abad Giuseppe Spalletti en 1776, tan precisa que reprodujo incluso los borrones hechos por todos los copistas que han puesto sus manos sobre mí desde hace ocho siglos[142]. Hoy día, a vosotros que estáis malacostumbrados a las fotocopias (sin mencionar los escáneres y los teléfonos móviles con los que se puede fotografiar cualquier documento sin respetar en absoluto las leyes que protegen los derechos de los autores), semejante trabajo propio de monjes benedictinos os parece completamente absurdo. Pero en aquella época no había otra forma de adquirir un texto antiguo: o se tomaba nota en folios sueltos que se podían perder fácilmente, o se transcribían copias lo más fidedignas posibles, aunque leer mi escritura (o, mejor dicho, mis numerosas escrituras) no era fácil y no hacía falta mucho para cometer un error al copiar mis epigramas a la luz de las velas durante las oscuras tardes de invierno.

Spaletti mismo acabó publicando una parte de esa copia. En 1781 hizo imprimir por cuenta propia una reproducción al pie de la letra de los poemas anacreónticos que consistía en un volumen «en folio» (en la jerga de la biblioteconomía, un libro formado a partir de una hoja doblada una vez, para dar lugar a dos hojas y cuatro páginas) titulado *Las poesías simposíacas de Anacreonte en semiyambos*. Cada poema iba ilustrado con un dibujo; en los márgenes de sus sesenta páginas, Spalletti añadió la traducción latina de Joshua Barnes[143].

Por primera vez el mundo (o mejor dicho, las pocas personas que tuviesen el libro en sus manos) pudo ver cómo estaba hecho, porque el volumen va precedido por un grabado que reproduce dieciséis de mis páginas[144].

Así pues, no podemos considerar el trabajo que sobre mí hizo Spaletti como un esfuerzo completamente inútil: la copia (que podríamos calificar casi de facsímil), conocida con el nombre de *apographon Gothanum*, fue vendida por los herederos de la abadía al duque Ernesto II de Saxe-Gotha-Altenbourg en 1796 y sirvió para...

Pero voy demasiado deprisa. Entre 1776 y 1796 pasaron muchas cosas no solo en Europa, sino también en los Estados pontificios mismos. En 1789, con la toma de la Bastilla, comienza la Revolución francesa que culmina, tras la decapitación del rey y la reina, con el llamado período del terror[145]. Te estarás preguntando qué relación hay entre lo que pasaba en París y el Vaticano. Pues bien, hay una: cuando el furor revolucionario se fue calmando poco a poco en suelo francés, apareció en escena un joven oficial corso que, antes de llegar a ser cónsul y de poner sobre su cabeza la corona imperial, cruzó, justamente en el año 1796, los Alpes para iniciar la campaña de Italia.

Entre los numerosos éxitos conseguidos por Napoleón Bonaparte (así es como se llamaba el general que acababa de cumplir apenas veintisiete años) se encontraban no solo las aplastantes victorias que había conseguido sobre los piamonteses y los austriacos, sino también haber obligado al papa Pío VI a aceptar un cruel tratado de paz que se firmó en Tolentino, en la región de las Marcas, el 19 de febrero de 1797. Y, en lo que a mí respecta, este acuerdo diplomático significó para vuestro servidor un nuevo viaje a través de Europa.

13

Todo el mundo sabe que Napoleón se llevó a París cuadros y estatuas

Todo el mundo sabe que Napoleón se llevó a París cuadros y estatuas. Partió para Francia un cuadro tan famoso como *Las bodas de Caná* de Pablo Veronese, que, después de haber sido descolgado de la pared del refectorio del monasterio benedictino que se encuentra en la isla de San Giorgio Maggiore en Venecia, fue dividido en varias partes y enviado al Louvre[146]; partieron también para Francia los cuatro caballos de bronce que, también en Venecia, decoraban la basílica de San Marcos para que coronasen la cima del Arco del triunfo del Carrusel[147] (caballos que, para ser sinceros, también fueron el resultado de un saqueo: los venecianos se los habían llevado del hipódromo de mi ciudad durante la tristemente célebre cuarta cruzada); partieron para Francia el grupo del Laocoonte y el Apolo de Belvedere, para ser instalados ellos también, como el cuadro del Veronés, en el Louvre.

Poca gente sabe, además, que, junto a todo lo que fue expoliado por Napoleón Bonaparte con el pretexto de compensar los gastos de la guerra, también se llevó libros. El texto del tratado de paz no era muy claro: entre las obligaciones a las que se veía sometido el pobre pontífice estaba «el envío de tesoros artísticos y manuscritos»[148].

Pío VI intentó ocultar los manuscritos en Terracina, en el palacio que había construido un año antes para su sobrino Luis[149], pero fue una maniobra inútil: una gran parte de los manuscritos que Alacio había transportado penosamente a Italia desde Heidelberg, incluida la preciosa colección de treinta y ocho manuscritos griegos y latinos de la que yo formaba parte (éramos cerca de quinientos), partió para París en dirección a la Biblioteca nacional de Francia (que entonces se llamaba Biblioteca de la Nación), entre la calle Richelieu y la calle Vivienne, en el palacio que había pertenecido al cardenal Mazarino[150].

En esta ocasión, sin embargo, a diferencia de lo que ocurrió en mis desplazamientos anteriores, la religión no tuvo nada que ver: la causa de mi viaje no fueron ni los musulmanes, ni los protestantes, ni los católicos, sino solamente la ambición desenfrenada de un hombre que se creía destinado a dominar el mundo.

Pero afortunadamente eso no ocurrió (me refiero a que Napoleón no logró su objetivo, dominar el mundo). Y, afortunadamente para mí, esta estancia, en comparación con las otras, fue breve —no tan breve como mi anterior estancia parisina, con ocasión del préstamo inter-bibliotecario *ante litteram* de Claude Saumaise, pero apenas un poco más larga, aunque vivir en París fue un placer, a pesar de que en aquella época las salas de la biblioteca no eran tan bellas como lo serán a finales del siglo XIX, cuando

Henri Labrouste, primero, y Jean-Louis Pascal, después, construirán la espléndida sala oval[151].

La tarea era de muy alto nivel, porque la riqueza de las colecciones de la Biblioteca de la Nación no era inferior a la de la Biblioteca Vaticana. Mencionar solamente los manuscritos más importantes sería una empresa imposible, porque son muchos. Solo citaré uno, el manuscrito que contiene una década de la *Historia romana* de Tito Livio, el *Parisinus* lat. 5730, un códice escrito en Italia en la primera mitad del siglo V y llevado a París tras haber sido durante algunos años huésped de la colección más célebre de la Edad Media, la que reunió Alcuíno de York para la biblioteca de la corte del emperador Carlomagno, que se encontraba en Aquisgrán, la capital del Sacro Imperio romano[152].

En París también recibí algunas visitas para estudiarme. Recuerdo en concreto las largas consultas de Simon Chardon de La Rochette, un verdadero bibliófilo (que ya me había conocido en Roma entre 1782 y 1784, donde me había hecho copiar por Giovanni Elia Baldi, el responsable de las colecciones numismáticas del Vaticano[153]), el hombre que muy probablemente, dados sus estrechos vínculos con Napoleón, fue el verdadero responsable, por persona interpuesta, de mi segunda estancia en París.

En concreto, él es quien en sus *Mélanges* nos proporciona algunas informaciones precisas sobre mi confiscación[154]. Chardon escribe que, cuando los comisionados franceses, después de haber irrumpido en el palacio de Terracina, se dieron cuenta de que, tras mi división en dos partes, yo había sido encuadernado una vez más y que mi segunda mitad (el *Anacreonte*, como la llamaban) había sido separada de la primera, hicieron traer también la segunda parte a Francia, considerando que las dos partes formaban un único manuscrito[155].

He olvidado un detalle: antes de mi salida para París ocurrió un nuevo lío con mi numeración —sus consecuencias, como veréis, todavía se perciben en mi numeración actual. Al comienzo del pontificado de Pío VI, cuando el cardenal archivero era Francisco Saverio Zelada[156] (quien accedió a este cargo en 1779), mis dos mitades se unieron por segunda vez. Mientras mi segunda mitad recibió el número correcto (33), en la carpeta que contenía mi primera mitad se cambió por error 33 por 213. Cuando un bibliotecario, revisando esta primera parte, se dio cuenta del error, lo corrigió, claro, pero de forma errónea, eliminando el número intermedio 1 (gracias a una estratagema de lo más rudimentaria: se contentó con pegarle encima un pedacito de pergamino) y dejando en consecuencia 23[157].

Antes de llevarme a París, los franceses contrataron a un sabio griego, que se llamaba Ignacio di Porto, para escribir un índice (en latín) del contenido de todos los manuscritos. Este, que había nacido en Quíos (una coincidencia curiosa: la misma isla en la que Alacio, el griego que me trajo a Italia, vio la luz) se dio cuenta enseguida del error —¡Y cómo no iba a hacerlo! ¡No es en absoluto normal que dos partes de un mismo manuscrito tengan dos signaturas diferentes! Pero el remedio fue peor que la enfermedad, porque Ignacio no puso en las dos mitades el número correcto, 33, sino el incorrecto, 23, que se quedó en mi mitad más pequeña (aún hoy, la corrección no escapa a un ojo entrenado).

Pero volvamos a mi estancia en París. Estando allí todavía hubo alguno que casi estuvo a punto de publicar mi primera edición crítica. ¡Adivina quién fue! ¡Simon Chardon de La Rochette, por supuesto! Y para llevarla a cabo me pidió prestado durante casi cinco años. Ya tenía toda mi *editio princeps* pensada en su cabeza, Simon, con el texto de mis epigramas, todos ellos acompañados de una traducción latina cara a cara, con un aparato crítico con todas las variantes registradas, con los comentarios antiguos que se pueden leer en el margen de mis páginas y con un resumen fiel de mi compleja historia (que no sería probablemente muy diferente del que tienes en tus manos ahora mismo).

Sabemos que, quizás en nombre del ateísmo típico de la Revolución francesa, Simon había pensado eliminar el primer libro (los epigramas cristianos). Y sabemos también que había pensado relegar al final del volumen los libros segundo y tercero, como si fuesen menos importantes (o quizás, simplemente, porque había comprendido que no formaban parte de la antología tal como fue concebida en su origen por mi abuelo Constantino). Pero, con todo, también en los libros segundo y tercero hay algunos poemas interesantes, como, por ejemplo, (en el segundo) la descripción de la estatua de la bellísima Helena:

«Me quedé sorprendido ante la adorable estatua de Helena,
   porque también al bronce le concedía un fascinante encanto;
Pues su belleza exudaba ardoroso amor
   incluso en una estatua privada de aliento».

O (en el tercero) la descripción del bajorrelieve en el que está representado Odiseo, que, después de haber invocado a los muertos, habla con la sombra de su madre Anticlea:

«Madre del astuto Odiseo, Anticlea,
   no sobreviviste para recibir a tu hijo en Ítaca,
pero ahora que ha llegado a las orillas del Aqueronte,
   se maravilla de que sus ojos se posen en su dulce madre».

Pero también Chardon tuvo que renunciar a su proyecto, vencido por el cansancio y especialmente por la pobreza, hasta el punto de que incluso tuvo que vender sus manuscritos. Quien logrará, por fin, publicarme íntegramente, será otro estudioso alemán que se llamaba Christian Friedrich Wilhelm Jacobs. Tomando como punto de partida el texto establecido por Brunck (a quien, sin embargo, Jacobs había criticado, en particular por la nueva disposición de los epigramas impulsada por el filólogo alsaciano), Jacobs publicó en Leipzig con el editor Dyck[158], en solo dos años, entre 1794 y 1795, los cinco volúmenes de una obra a la que puso un título que, traducido al español, puede ser *La antología griega, o las piezas lúdicas de los poetas griegos según la edición de Brunck.*

A diferencia de muchos de sus predecesores, Jacobs no fue un académico en el sentido estricto del término. Nacido en Gotha, Turingia, en 1764, había estudiado filología y teología en las universidades de Jena y Gotinga; después de su doctorado, regresó a su ciudad natal en 1785 para enseñar en la escuela primaria local[159].

Y allí, mientras durante el día enseñaba griego y latín a sus jóvenes alumnos, por la noche trabajaba incansablemente en la *Antología Palatina* (y no solo: ¡en 1790 publicó una obra dedicada a las tragedias de Eurípides![160]). Sin mencionar que su edición de los epigramas fueron precedidos por un trabajo preliminar, las *Correcciones a los epigramas de la Antología griega*, publicado en 1793, en la misma ciudad y por la misma editorial[161].

Pero, como pronto tendréis la oportunidad de comprobar, Jacobs se ocuparía más (¡y mucho!) de mis epigramas.

14

Mi segunda estancia
en París fue muy breve

Mi segunda estancia en París fue muy breve. Si la comparo con la duración de mi estancia precedente en Roma (más de un siglo y medio), mi estancia en París pasó tan rápido como una mañana. Tras la derrota sufrida en Waterloo en 1815, para evitar una nueva fuga (como había ocurrido unos meses antes con ocasión de los «Cien Días»[162], cuando logró escapar clandestinamente de la isla de Elba), Napoleón se vio obligado a emprender un viaje muy largo a la pequeña isla de Santa Elena, un arrecife perdido en mitad del Océano Atlántico[163]. En cuanto a mí, tuve mejor suerte: del mismo modo que la gran mayoría de los tesoros artísticos pudo volver a su patria (pero no fue el caso de todos: *Las Bodas de Caná* siguen expuestas todavía hoy en el Louvre), yo estuve también en disposición de volver en 1816 al lugar del que procedía[164].

Pero no a Roma: a pesar de las peticiones del nuevo papa (al papa Pío VI, muerto en el exilio en Francia, le había sucedido entre tanto Pío VII), fui reenviado a Alemania, a la Biblioteca Palatina de Heidelberg, la misma que había abandonado casi dos siglos antes. Junto conmigo regresaron a Alemania los otros treinta y siete manuscritos griegos y latinos —cuando comprendió que Alemania no tenía por nada del mundo la intención de renunciar a nosotros, Pío VII, en un gesto de nobleza, devolvió también a la Palatina todos los manuscritos alemanes (los franceses no se los habían querido llevar a París, quizás porque no eran tan valiosos) y añadió además cinco manuscritos latinos que contenían informaciones relativas a la larga historia de dicha universidad que era la más antigua de Alemania, dado que había sido fundada hace mucho tiempo, en 1386, por el príncipe elector palatino Roberto I de Wittelsbach (se le conocía con el pseudónimo de «el Rojo»)[165].

Mientras yo me encontraba en París entre las manos del fracasado Chardon de La Rochette, Jacobs, todavía insatisfecho con los seis volúmenes que hasta entonces me había dedicado (el primero en 1793, los cuatro siguientes en 1794 y el último en 1795, que contenía los índices), había seguido trabajando en mí (aunque *in absentia*: en aquella época no era fácil para un alemán viajar a Francia).

Entre 1798 y 1814 Jacobs publicó ocho tomos como suplementos a mis epigramas: siete con un comentario extremadamente rico (que no ha sido superado todavía a día de hoy), más uno que contenía los índices y los *Paralelipomena* (un término griego que significa algo así como «cosas que hay que poner aparte», al menos por el momento, y que solo en una segunda ocasión deben de tomarse en consideración como dignas de ser mencionadas). Traducido al español el título de esta exhaustiva obra (publicada siempre por el mismo editor de Leipzig, con el que

Jacobs había terminado por establecer una relación de exclusividad) es, simplemente *Comentarios a los epigramas de la Antología griega*. Pero lo que es importante es el orden en el que se fueron publicando esos ocho tomos, por las razones que descubriréis enseguida.

Los dos primeros tomos (que forman el primer volumen) salieron en 1798; los tres siguientes (que forman el segundo volumen) salieron a lo largo de los tres años siguientes, de 1799 a 1801; 1802 y 1803 vieron la publicación de los dos primeros tomos del tercer volumen. Pero el tercer tomo de ese volumen no saldrá hasta 1814, es decir, once años después. ¿Qué es lo que ha pasado entre tanto?

Entre tanto han pasado muchas cosas, no tanto para mí, que he permanecido siempre en París, como para Jacobs mismo. En primer lugar, conviene señalar que su trabajo diario como profesor le llevó a pensar también un poco en sus alumnos: por eso en 1805 publicó una gramática elemental de la lengua griega para principiantes que consta de hasta cuatro volúmenes (ya habrás podido comprobar hasta qué punto le gustaban las cosas a lo grande). Después, en 1807 su vida experimentó un cambio: Jacobs abandonó Gotha y se estableció en Múnich para enseñar literatura antigua en el instituto local[166] y para dar clases particulares de griego al joven Luis I de Wittelsbach, el futuro rey de Baviera.

Pero, a pesar de su éxito profesional (acrecentado más todavía por su nombramiento como miembro de la sección de historia y arqueología de la Academia de las Ciencias local[167]), los bávaros ultracatólicos, que no apreciaban a los intelectuales originarios de las regiones septentrionales de Alemania, le reprochaban siempre sus creencias luteranas. Por esa razón, apenas tres años más tarde, en 1810, Jacobs regresó a Gotha, donde vivió hasta su muerte, acaecida en 1847, mientras ejercía como director de la biblioteca y del gabinete numismático[168].

El desprecio (apenas disimulado) hacia quienes se ganan la vida enseñando gramática se encuentra en todas partes. Jacobs era perfectamente consciente, porque seguramente había leído (y seguramente se había reído a carcajadas) este epigrama que se burla no solo de la crasa ignorancia de un médico, sino también la pedantería de un maestro de escuela que solo sabía enseñar los pasajes más famosos de la *Ilíada* de Homero (en este caso, el preámbulo):

«Cierto médico me confió a su amado hijo
    para que estudiase gramática conmigo.
Pero cuando aprendió "Canta la ira",
    "él causó mil males" y el verso que le sigue,
"llevó a muchas almas inocentes al Hades",
    su padre decidió suspender las lecciones.
Cuando me crucé con él, me dijo: "Gracias, querido,
    pero mi hijo puede aprender todo eso conmigo,
porque yo también llevo muchas almas al Hades,
    y no necesito contratar a un profesor para eso"».

Para consolarse por la hostilidad de los bávaros poco hospitalarios, cuando regresó a su ciudad natal Jacobs volvió a concentrarse en mí. ¿Recordáis la copia casi literal realizada en Roma por el abad Spaletti? ¡El *apographon Gothanum* vendido por sus herederos al duque Ernesto II de Sajonia-Gotha-Altemburgo en 1796? Pues bien, cuando Jacobs se enteró de que ese excepcional manuscrito se encontraba en su propia ciudad, estaba claro que no iba a esperar más a que se me pudiera consultar libremente (lógicamente él no podía adivinar que poco tiempo después estaría de regreso en suelo alemán) y decidió poner la guinda al pastel al larguísimo trabajo que había realizado ya hasta entonces (los trece volúmenes publicados en solo diez años, entre 1793 y 1803).

Mientras Napoleón se enfrentaba a los ejércitos europeos en 1813 y 1814, Jacobs publicó (siempre en la imprenta Dyck) otros dos volúmenes en los que se podía leer la transcripción de los dos manuscritos antiguos que contenían todos los epigramas griegos existentes: además de los quince libros de epigramas que yo contengo (leídos a través de la copia ultraprecisa del abad Spalletti), también incluyó los trescientos ochenta y ocho epigramas contenidos en la *Antología* de Planudes, pero ausentes de la colección de mi abuelo (epigramas que, a partir de ahí, se convertirán en el libro dieciséis de la *Antología Palatina* —un libro artificial, en consecuencia—).

Con toda honestidad Jacobs admitió que no me había consultado directamente: el título de la obra es, en efecto, *Antología griega publicada según la fiel transcripción del manuscrito antes palatino, hoy parisino, gracias a su copia conservada en Gotha*[169].

Lo que Jacobs no podía saber en ese momento es que sus indicaciones precisas sobre mi localización serían desmentidas en un primer momento, pero poco después confirmadas. Cuando él sugirió el título del volumen a su editor, su formulación era entonces perfectamente exacta: en los primeros meses de 1813, mientras que Napoleón derrotaba en Lützen, Bautzen y Dresde a los ejércitos ingleses, rusos, austríacos y prusianos[170], yo era, en todos los aspectos, un manuscrito que, llevado de Heidelberg a París, de palatino me había convertido en parisino. Después de las derrotas sufridas por Napoleón, primero en Leipzig en 1814, después en Waterloo en 1815, y sobre todo tras el Congreso de Viena, volví de regreso (esto lo sabéis ya) a Alemania y he vuelto a ser a todos los efectos un manuscrito palatino.

Pero lo que ignoráis todavía es que yo permaneceré para siempre un poco palatino y un poco parisino. Llegados a este punto, conviene en efecto que sepáis que, sí, regresé a Alemania, pero no entero, porque una parte de mí se quedó en Francia.

15

Seguro que recordáis que tras mi viaje a Roma, me dividí en dos partes

Seguro que recordáis que tras mi viaje a Roma me dividí en dos partes. Por esa razón los celosos bibliotecarios de la Vaticana dotaron cada una de mis partes con una nueva encuadernación y marcaron las dos con un exlibris que recuerda para siempre mi deportación. Mis dos mitades fueron las dos a París, pero —no sé decir si por error o por una decisión deliberada— las dos mitades no tuvieron la oportunidad (o la mala suerte, dependiendo del punto de vista) de retornar a Heidelberg. Una de las dos, la segunda, mi mitad más pequeña, se quedó, en efecto, en París.

El director de la Biblioteca Palatina, Friedrich Wilken[171], que no estaba al tanto de que después de mi partida de Alemania había sido dividido en dos mitades (¿cómo podía saberlo, si nadie se lo había dicho?), se contentó con mi primera mitad, que era lo suficientemente voluminosa (seiscientos catorce folios frente a apenas cuarenta y ocho) como para tener la apariencia de ser un manuscrito completo. Además, el pobre tenía una buena disculpa, porque, como ya he tenido ocasión de comentar, ese mismo año llegarían a Heidelberg no solo los treinta y ocho manuscritos griegos y latinos que se encontraban en París, sino también todos los manuscritos que, transportados a Roma por León Alacio, permanecieron allí hasta 1797 al no haber sido considerados por Napoleón (y por sus subalternos) lo suficientemente valiosos.

Cuando los alemanes se dieron cuenta de que una parte de mí, la sección que contenía los poemas anacreónticos, se había quedado en Francia (y ellos no se dieron cuenta rápido, ya verás enseguida cuándo), reclamaron inmediatamente a París completar la restitución. Pero los franceses hicieron oídos sordos. Cuando el emperador Napoleón III fue derrotado en Sedan en 1870 por el ejército prusiano, los alemanes tampoco consiguieron hacerse con mi segunda parte. La petición formal, presentada por vía diplomática en 1873, fue rechazada con la ayuda de argumentos un tanto engañosos: el ministro francés de Educación Pública respondió diciendo que después de la batalla de Waterloo (y la posterior derrota de Napoleón), ambos libros (es decir, mis dos mitades) podrían haber sido reclamados por el comisionado papal, monseñor Marini[172]. Pero Marini, de acuerdo con el comisionado del emperador austríaco, el barón von Ottenfels[173], se había contentado reclamando solo la primera parte (la más importante), dejando en Francia la segunda (la menos importante) y concediendo el 28 de octubre de 1815 una «exención general» (el término técnico que podemos leer en el documento es «décharge») sin ninguna reserva.

Y ese el motivo por el que esta parte se encuentra todavía hoy en París en la calle Richelieu. Y con otra signatura —como si, cambiando mi signatura, los franceses quisiesen borrar mi identidad alemana original para darme una nueva. Hoy día la signatura de la mitad parisina es *Parisinus* Suppl. Gr. 384, que significa el volumen número 384 de una nueva colección parisina de manuscritos griegos que se añaden a una primera colección más antigua (la abreviatura suppl. quiere decir suplemento), mientras que mi mitad palatina es *Palatinus* Gr. 23 (*olim* 33), que significa el volumen número 23 (que antes tenía el número 33) de la colección palatina de manuscritos griegos.

Durante algunos años, el descuido (llamémoslo así) de los bibliotecarios parisinos no tuvo consecuencias. Quizá la monumental producción de Jacobs había saciado por completo a todos los amantes de los epigramas griegos. ¡Ah!, olvidé mencionar que en 1817 Jacobs publicó el último de sus volúmenes dedicados a mí, el decimoctavo, que contenía, en primer lugar, un aparato crítico de los epigramas contenidos en mí y en la *Antología* de Planudes, seguido de una nueva antología adicional que contenía epigramas «que se han conservado en otros autores antiguos y en inscripciones» (*quae apud scriptores veteres passim et in marmoribus servata sunt*).

Digo que fue el último por decir algo, porque en 1826, en el marco de una colección de veinte volúmenes titulada *Bibliotheca Graeca*, editada en colaboración con su colega Valentin Rost[174], el infatigable Jacobs publicó *Delectus epigrammatum Graecorum*[175], es decir, una antología personal comentada de epigramas griegos, dispuestos por primera vez en un orden personal sin la obligación de ajustarse a la selección hecha por los críticos antiguos (el orden de Constantino Céfalas) o los modernos (el orden de Brunck).

Jacobs comenzó por lo epigramas consagrados a los dioses (y a las diosas), siguiendo por aquellos consagrados a los héroes (y a las heroínas), los consagrados a los hombres ilustres (incluyendo a los atletas), los consagrados a los poetas (pero también a los filósofos), después los eróticos, los satíricos y a continuación todos los demás. Hay también epigramas que tratan asuntos de geografía (ciudades y regiones) y de biología (animales y plantas), como, por ejemplo, este:

> «A un saltamontes, el ruiseñor de los bosques,
>   y a una cigarra que vivía en un roble la pequeña Miro
> les hizo una tumba común, derramando virginales lágrimas
>   por sus dos juguetes que el cruel Hades le arrebató».

En la obra con la que concluyó su larguísima carrera de filólogo (me refiero al aparato crítico publicado en 1817), Jacobs se hizo ayudar por un colega más joven, un tal Anton Jacob Paulssen[176], que, tras haber consultado en persona el manuscrito y habiéndose dado cuenta (antes que todos los demás) de que mi mitad palatina era más pequeña de lo esperable, supuso inmediatamente que la mitad que faltaba se había quedado en París o incluso en Italia.

Pero, como sabemos bien, los filólogos nunca están satisfechos y aspiran siempre por naturaleza a la perfección. Era, pues, inevitable que algún otro, insatisfecho por completo con el trabajo llevado a cabo por Jacobs, pensase en publicar una nueva edición de mis epigramas, basada esta vez en un examen en profundidad del manuscrito principal (es decir, de vuestro servidor) y no partiendo de una de mis numerosas copias, por muy fieles que estas pudiesen ser.

Por supuesto, era muy difícil hacerlo sin averiguar qué diablos había pasado con mi segunda mitad, una vez que se había descubierto (gracias a Paulssen) que en Alemania estaba solo mi primera mitad...

Fue Johan Friedrich Dübner[177], un erudito alemán que trabajaba en París en la reedición del monumental diccionario de la lengua griega (el *Thesaurus*) publicado en el siglo XVI por Stephanus[178], quien se dio cuenta en 1839 de que una parte de mí (mi segunda mitad) se había quedado en Francia. Os habréis dado cuenta ya de que la antorcha de la filología ha pasado a manos de los alemanes: después de haber abandonado Italia en beneficio de Francia a finales del siglo XVI y habiéndose establecido dos siglos enteros en Europa occidental (incluyendo Inglaterra y la zona de los Países Bajos), el amor a los clásicos se fue poco a poco desplazando hacia el este, hacia Alemania, donde reinaría durante todo el siglo XIX y la primera mitad del XX. No debéis, pues, sorprenderos si muchos de los nombres que han aparecido en el capítulo precedente (y muchos de los que aparecerán en este y en los siguientes) son alemanes.

Algunos años después de que Dübner consiguiese publicar, en la editorial francesa dirigida por Firmin Didot[179], la reedición del *Thesaurus* (en la que había empezado a trabajar desde 1832)[180], bajo su dirección salieron entre 1864 y 1890 tres voluminosos tomos que contenían no solamente la edición integra de mis epigramas por fin basados en la lectura directa de mí mismo, sino igualmente (siguiendo el criterio que había inaugurado Jacobs en los tomos publicados entre 1813 y 1814) la edición de numerosos epigramas extraídos de otras fuentes literarias y de inscripciones.

La estructura de esta obra es la siguiente —y lo destaco porque me parece importante que os hagáis una idea de cómo trabajaban las editoriales del siglo XIX cuando decidían publicar un trabajo de importancia. Cada página (dividida en dos columnas) presenta el texto griego a la izquierda y la traducción latina a la derecha. Esta primera traducción, que era muy literal, va acompañada de una segunda traducción mucho más libre (porque trataba de respetar las formas métricas tradicionales), que se imprimía a pie de página. Al final de cada libro de la *Antología*, Dübner añadió un rico aparato de notas textuales, lingüísticas y hermenéuticas.

Para la publicación de la obra, titulada muy pomposamente como *Antología Palatina de epigramas, acompañada de epigramas de la Antología Planudea y de un nuevo apéndice de epigramas antiguos provenientes de libros e inscripciones* (el título en latín, con su proverbial economía, parece menos locuaz: *Epigrammatum Anthologia Palatina cum Planudeis et appendice nova epigrammatum veterum ex libris et marmoribus ductorum*), Dübner se benefició de la colaboración de numerosos eruditos que son adecuadamente mencionados en la portada.

El primer nombre que podemos leer es el de Jean-François Boissonade de Fontarabie, profesor de griego de la Sorbona y del Colegio de Francia, miembro de la Academia de Inscripciones y las Bellas letras, pero también colaborador habitual de la biblioteca que, después de la revolución, recibió el nombre de la Biblioteca Imperial[181].

A él fue a quien el editor encomendó inicialmente la tarea de preparar la publicación de mis epigramas, pero su muerte, sobrevenida en 1857, le impidió llevarla a cabo. El segundo nombre es el del pobre Chardon de La Rochette (porque su trabajo había sido recogido en las notas); el tercero es el de Friedrich Heinrich Bothe (que había facilitado algunas de las traducciones literales)[182]; el cuarto el de Jacobs, que rechazó en su momento la proposición del editor francés de encargarse en persona de la edición de la obra (¡y bien que lo comprendo! No solo estaba ya mayor, porque hacía tiempo que había superado los setenta, sino que estoy seguro de que a estas alturas mis epigramas le salían por los ojos...), pero antes de morir en 1847 tuvo tiempo de transmitirle a Dübner una serie de útiles sugerencias.

El quinto nombre era también el de un fallecido —pero de uno que había muerto varios años antes. Hugo de Groote (Hugo Grotius en latín) fue un célebre jurista holandés del siglo XVII que, cuando no se ocupaba de derecho internacional, se entretenía componiendo y traduciendo poemas en latín[183]. Entre sus numerosas traducciones se encontraba un buen número de los epigramas de la *Antología* de Planudes, que, tras haber sido traducidos en 1630 y haber permanecido durante mucho tiempo inéditos (fueron publicados de forma póstuma entre 1795 y 1822), fueron incluidos por Dübner en su edición[184].

Otro colaborador relevante fue Edmond Cougny, quien se encargó del tercer volumen de la obra, publicado en 1890, muchos años después de la muerte de Dübner (que había desaparecido en 1867, apenas tres años después de la publicación del primer volumen)[185]. El volumen editado por Cougny contenía un apéndice muy valioso porque reproducía más de dos mil epigramas extraídos (como se anunciaba en el título) de otras fuentes literarias antiguas y de inscripciones. Los epigramas estaban divididos en siete apartados, que reproducían, con cierta libertad, la división original de la antología de Constantino Céfalas: epigramas votivos (*dedicatoria*), funerarios (*sepulcralia*), epidícticos (*demostrativa*), exhortativos (*exhortatoria et supplicatoria*), satíricos (*irrisoria*), oraculares (*oracularia*) y enigmáticos (*problemata et aenigmata*).

Solo faltaban (sé bien por qué) los epigramas amatorios.

16

Con la aparición del volumen cuarto editado por Dübner tengo por fin una edición fiel

Con la aparición del volumen cuarto editado por Dübner hay de mí ya por fin una edición fiel. Por primera vez se editan todos mis epigramas después de haber sido leídos directamente en mí, y no en una copia, por muy fiel al original que fuese. Pero, como ya he dicho, la satisfacción no es una cualidad que se frecuente mucho entre los filólogos. De ahí que, inmediatamente después de la edición dirigida por Dübner otros eruditos vinieron a mi encuentro (ya se sabía dónde estaba) para consultarme y publicar de nuevo, más correcta y exactamente, todos los poemas que contenía —no solamente los epigramas, sino también los poemas anacreónticos, como veréis.

El primero fue Hugo Stadtmüller, que recibió de la prestigiosa editorial Teubner, fundada en Leipzig en 1811 por Benedictus Gotthelf Teubner, el encargo de preparar para su célebre colección, la *Bibliotheca scriptorum Graecorum et Romanorum Teubneriana* (la *Biblioteca de escritores griegos y romanos publicada por la editorial Teubner*) una nueva edición. Stadtmüller se sentía como en casa en Heidelberg, donde había estudiado lenguas clásicas, aunque no había conseguido obtener un doctorado, porque tuvo que abandonar sus estudios por motivos económicos. Al igual que Jacobs, Stadtmüller se ganaba la vida como profesor de instituto, porque nunca llegó a ser profesor de Universidad[186].

El primer volumen de su muy rica edición crítica, con los seis primeros libros de la *Antología Palatina* y los tres últimos de la *Antología Planudea*, apareció en 1894 —y le hizo merecedor de un doctorado *honoris causa* por la facultad de filosofía de la Universidad de Heidelberg (una especie de reconocimiento tardío del doctorado que no pudo obtener de joven). El segundo volumen, con el libro séptimo de la *Antología Palatina* (el libro de los epitafios) y el tercer libro de la *Antología Planudea*, apareció en 1899; el tercer y último volumen fue publicado en 1906. Después de mucho tiempo enfermo, Stadtmüller no pudo desgraciadamente terminar el trabajo al que había consagrado su vida: la muerte interrumpió su edición en el epigrama 563 del libro noveno —y nadie ha querido asumir la responsabilidad de continuar su empresa.

Este es, pues, este epigrama 563, escrito por el poeta helenístico Leónidas[187] —y colocado por Constantino Céfalas en un libro erróneo, porque, aunque tiene la apariencia de un epigrama descriptivo, es en realidad un epigrama erótico puesto en boca de una mujer, que, pese a su avanzada edad, está dispuesta a entregarse al hombre que ama[188]:

«Si ves al amante de la fruta madura Demócrito,
   transmítele este breve mensaje, amigo mío:
yo, árbol de fruta blanca madura,
   tengo higos frescos para que coma:

que se apresure, pues mi posición es inestable,
    ¡si quiere arrancar mi fruta de una rama aún intacta!».

De la misma manera que se interrumpió esta edición, me interrumpo yo para no aburriros enumerando todas las ediciones críticas que, después de esta, han ido apareciendo sin cesar (y seguirán apareciendo). No todas son iguales: hay desde ediciones completas hasta antologías más o menos extensas (como las dos antologías publicadas por los eruditos ingleses Andrew S. F. Gow, que fue profesor de George Orwell en el *Eton College*, y Denys L. Page, seguidos de un tercer volumen editado exclusivamente por Page), pasando por aquellos dedicados solo a la producción de un poeta en particular (Asclepíades, Calímaco, Lucilio, Nicarco, Estratón, etc.). Pero todo esto solo interesa a los especialistas —como es el caso de los estudios consagrados a la forma poética del epigrama que, siguiendo los muy sutiles análisis de Lessing, comenzaron a aparecer por toda Europa a lo largo del siglo XIX, destacando el célebre libro en el que Richard Reitzenstein estudió las relaciones entre los epigramas y las canciones simposíacas que los griegos acostumbraban a entonar en sus banquetes.

Gracias al éxito de la edición de Dübner (aunque no eran precisamente baratos, los volúmenes impresos por Didot en su exitosa colección seguían teniendo una muy buena difusión), el primer objetivo que me había prometido conseguir —ser conocido—, lo había logrado. Gracias a esta edición, ya no iba a ser más un fantasma inaccesible, un libro misterioso que pasaba de una biblioteca a otra como un paquete postal, un contenedor de epigramas que cualquiera que viniera copiaría para sus propios fines: por fin me había convertido en lo que realmente soy, una valiosa colección de poemas que cualquiera podía leer (siempre que supiera griego o latín).

Aunque todo el mundo podía leerme, sin embargo no todo el mundo podía verme. Como todos los manuscritos antiguos, yo he estado (y lo sigo estando hoy día) sometido a restricciones muy severas, porque la biblioteca que me posee no me deja salir de sus muros (y realmente no tengo en absoluto deseos de hacerlo, porque mi único deseo es tener una vida tranquila lo más sedentaria posible) y me confía solo a las manos de eruditos serios y motivados, a los que se les autoriza a consultarme solamente si han depositado antes en el mostrador del guardarropa todos los bolígrafos que podrían mancharme de tinta (solo se permite que se acerquen a mí los lápices).

Para remediar este inconveniente, otro filólogo alemán que ya he citado en el primer capítulo, Karl Preisendanz, que acababa de obtener su doctorado en la Universidad de Heidelberg y que se iba a convertir en un gran paleógrafo (un especialista en escrituras y manuscritos antiguos), decidió fotografiarme íntegramente. Eso no es todo: en 1911, en una editorial holandesa (la Sijthoff que tenía su sede en Leiden[189]), publicó mi reproducción fotográfica, dos enormes volúmenes titulados *Anthologia Palatina: Codex Pa-*

latinus et Codex parisinus phototypice editi (*La Antología Palatina: el manuscrito palatino y el manuscrito parisino publicados en formato fotográfico*)[190].

Y lo hizo en el momento oportuno, porque el libro apareció en los años inmediatamente anteriores al estallido de la primera guerra mundial: después de 1914 hubiese sido difícil para Preisendanz moverse libremente entre Alemania y Francia (pero también porque, como todos los alemanes —y como todos los europeos— él estaba obligado a participar activamente en el conflicto[191]).

Entre todos los eruditos que me han tenido entre sus manos, comenzando por Máximo Planudes, Preisendanz fue uno de los que más me han estudiado en profundidad —más que Marco Musuro, más que Erasmo de Róterdam, más que Tomás Moro, más que John Clement, más que Henricus Stephanus, más que Friedrich Sylburg, más incluso que Saumaise y Stadtmüller. En efecto, fue el primero que distinguió todas las manos bizantinas que habían trabajado en mí, formulando unas hipótesis que han sido casi unánimemente aceptadas. En su extensa y detallada introducción Preisendanz abordó todas las cuestiones que pueden tener que ver conmigo[192]: la fecha, la composición, el origen y las características paleográficas de todas las manos de los copistas. Como buen alemán, no se privó de reconstruir con una precisión extrema, a la luz de los documentos conservados en la Biblioteca Palatina (podéis leer todo esto en su introducción), todos los intentos llevados a cabo por sus compatriotas para recuperar mi mitad parisina y todos los subterfugios ideados por los franceses para conservar para siempre la mitad en cuestión.

Para decir la verdad, como había ocurrido ya con otros antes que él (Gruter, por ejemplo), Preisendanz no se sentía especialmente atraído por mis epigramas desde el punto de vista literario. Él prefería los poemas anacreónticos, lo que explica por qué la editorial Teubner le confió la tarea de hacer una nueva edición, en la que comenzó a trabajar inmediatamente después de haber publicado mi reproducción fotográfica.

Este pequeño volumen (breve: apenas setenta páginas) apareció en 1912 con el título *Los poemas anacreónticos del manuscrito Pal. Suppl. Gr. 384 de la Biblioteca nacional tras la edición de Valentin Rose* (contrariamente a lo que suelo hacer, he escrito primero el título en castellano, porque me he permitido desarrollar algunas de las abreviaturas que hacen que el título original latino sea un tanto enigmático: *Carmina anacreóntica e Bybl. Nat. Par. Cond. Gr. Suppl. 384 post Val. Rosium*)[193]; se trata de un título preciso porque la edición de Preisendanz reemplaza la edición precedente de Teubner, editada por Valentin Rose (que había consultado mis dos mitades, la alemana en 1860 y la francesa en 1864) y publicada dos veces, en 1868 y 1876[194].

Una vez que ya había aparecido una edición fiable de mis epigramas, una vez que habían aparecido dos ediciones también fiables (la segunda más que la primera) de mis poemas «anacreónticos», solo me quedaba una cosa por hacer para ser todavía más conocido por el gran público: ser traducido a una lengua más accesible que el griego, más también que el latín, que había sido la lengua de la que hasta ahora se habían servido los filólogos para desvelar (parcialmente) mis misterios.

17

Al menos en parte ya he sido traducido a algunas lenguas modernas

Al menos en parte ya he sido traducido a algunas lenguas modernas. Para ser sincero, los epigramas que ya habían sido traducidos eran no tanto los que se pueden leer en mi interior, sino aquellos que se encuentran también en la *Antología* de Planudes —como esta había sido publicada bastante antes que yo, también fue traducida bastante antes, especialmente al italiano[195].

Así pues, tras la publicación de la edición de Jacobs, las traducciones integrales se multiplicaron. Pero la alegría que experimentaba por ser conocido cada vez por un número mayor de personas se veía contrarrestada por los comportamientos como poco incorrectos de los que hacían gala algunos traductores. No es que ellos tradujesen mal, ¡en absoluto! Lo que ocurría es que a veces no traducían todo (o no traducían todo de una forma que fuese comprensible para todo el mundo).

Pongamos el ejemplo de una de las primeras traducciones completas en una lengua moderna. En 1863, un francés, Félix Désiré Dehèque, publicó en París, en la editorial Hachette, dos volúmenes titulados *Anthologie grecque traduite sur le texte publié d'après le manuscrit palatin par Fr. Jacobs, avec des notices*

*biographiques et littéraires sur les poètes de l'Antho-
logia*[196]. Una iniciativa excelente, no hace falta decirlo,
porque las notas relativas a la vida de muchos poetas
presentes en la *Antología Palatina* (que son a menudo
perfectos desconocidos) proporcionan informaciones
útiles a los lectores que no conocen en profundidad la
literatura griega. Sin embargo, cuando cogemos entre
las manos el segundo volumen y comenzamos a leer
los epigramas del libro duodécimo, inmediatamente
notamos algo extraño. ¿Pero qué? Hasta entonces
los epigramas habían sido traducidos en una elegante
prosa francesa —pero ¡ahora están traducidos al
latín! Pero, ¿por qué en latín? «Pero yo no entiendo
el latín», dirá el lector que no ha tenido la oportunidad de aprender las lenguas clásicas. Y se pregun-
tará por qué no se han traducido al francés como los
precedentes —y como los siguientes, además, porque
a partir del libro decimotercero volvemos a encontrar
el francés[197].

La respuesta es simple: el libro duodécimo contiene los epigramas que celebran el amor homosexual
y hay cosas que es mejor que no se entiendan bien:
traducidas al latín sin duda parecen menos obscenas
(en todo caso, se entienden peor). Y, para no cometer
ningún tipo de imprudencia, el bueno de Dehèque
tomó la decisión de traducir al latín todo el libro,
incluyendo epigramas que son completamente inocentes, porque la *côte*[198] homoerótica está tan descafei-
nada que se ha vuelto prácticamente invisible.

Pero no penséis que esa actitud se limita al siglo
XIX. Ya habéis visto que Máximo Planudes había eli-

minado —y no siempre con acierto— los epigramas que le desagradaban[199]. Cuando observamos atentamente el manuscrito de la *Antología Planudea* conservado en la Biblioteca Marciana de Venecia (es uno de los manuscritos legados por el cardenal Besarión), podemos destacar algunos errores, como la ausencia de un epigrama que celebra con humor las ventajas de los pedos:

«Un pedo mata a mucha gente, cuando no puede escapar;
    pero un pedo también salva, cuando canta a tirones.
Si un pedo puede salvar y matar a su vez,
    un pedo tiene tanto poder como los reyes».

Los editores del siglo XVIII no se comportaron de manera diferente: todos, de Reiske a Klotz, de Brunck a Jacobs mismo, han mostrado (al menos en público, es decir, en los extensos prefacios a sus ediciones) un gran pudor frente a ciertas obscenidades presentes en los epigramas de los libros quinto y duodécimo.

Desgraciadamente los tabúes lingüísticos han sido superados muy tarde —y es posible que todavía no hayan sido superados del todo.

A partir de 1915, William Roger Paton, un erudito escocés que, tras casarse con una griega, se retiró a vivir en la isla de Samos, comenzó a trabajar en la traducción integral de la *Antología Palatina* para la Loeb Classical Library, una famosa colección conocida (por los eruditos, pero no solo) por el tamaño reducido de sus volúmenes con sobrecubierta verde (los textos clásicos griegos) y rojo (los latinos).

El bueno de Paton no era novato en una empresa semejante, porque ya había lidiado algunos años antes con la traducción de epigramas eróticos: en 1898, en la editorial londinense Nutt habían aparecido, con el atractivo título de *Antologiae Graecae erotica* (*Los poemas de amor de la Antología griega*), los epigramas del libro quinto (consagrados al amor heterosexual), parcialmente traducidos al inglés —y no es difícil de comprender por qué la traducción era parcial[200]...

El mismo «sesgo» se percibe en la edición íntegra: los epigramas del libro quinto (que se encuentran en el primer volumen, publicado en 1916) no se traducen todos al inglés. En el caso de un buen número de ellos (los epigramas 49, 55, 99 —pero la lista podría ser mucho más extensa), Paton hizo como lo había hecho antes Dehèque, recurriendo al más inocente (o al menos fácilmente comprensible) latín; en otros casos, adoptó un método mixto, traduciendo algunos versos en inglés y otros en latín (en los epigramas 35, 36, 38, etc.), con resultados cuando menos ridículos. E hizo lo mismo con los epigramas del libro duodécimo (que se localizan en el cuarto volumen, publicado en 1918): están en latín los epigramas 3, 7, 216, etc.[201]. ¿Queréis ver algún ejemplo? Aquí va uno:

> «I judged the hinder charms of three; for they themselves chose me, showing me the naked splendor of their limbs.
> *Et prima quidem signata sulculis rotundis*
> *candido florebat et molli decore;*
> *alterius vero divaricatae nivea caro rubescebat*
> *purpurea rosa rubicundior;*

tertia velut mare tranquillum sulcabatur fluctibus mutis,
delicata eius cute sponte palpitante.
If Paris who judged the goddesses had seen three such,
he would not have wished to look again on the former ones».

Está claro que el epigrama está lejos de ser inocente (¡Planudes por su parte lo había censurado parcialmente![202]), pero incluso en mitad de la era victoriana se podía decir ciertas cosas, como se ve claramente si comparamos la traducción de Paton con la siguiente traducción italiana (y castellana[203]), que respeta el texto griego sin refugiarse en eufemismos):

«Non ti sdraiare stando con la tua fronte contro la fronte della tua
[compagna incinta
cercando di provare con lei il piacere che si prova quando si vuole
[concepire un figlio.
Dal momento che in mezzo a voi c'è una grande onda gonfia,
sarà non poco faticoso per te remare e per lei farsi remare.
Piuttosto, meglio girarla, godendo del suo culo dal colore di rosa:
fa' conto che la tua compagna sia un'Afrodite maschile».

La mayoría de los volúmenes más antiguos de la colección Loeb sufrieron idéntica suerte. Los autores latinos también padecieron la misma censura. En algunos casos, al no poder traducir la obscenidad del texto original latino con otra versión en latín, pero provista de términos eufemísticos (porque el ridículo habría excedido los límites de la decencia), los autores colocaron delante del texto original la misma versión latina, completamente idéntica, lo que da como resultado un sorprendente efecto espejo: es el caso de dos epodos de Horacio (el octavo y el duodécimo) en la edición de Charles E. Bennet de 1914; es el caso de algunos detalles sórdidos de la vida disoluta del emperador Tiberio en su *buen retiro*[204] de Capri, en la edición de las *Vidas de los doce Césares* de John C. Rolfe de 1913[205].

En otros casos, el editor ha considerado que una traducción en un italiano arcaizante sería menos obscena (sobre todo porque sería menos fácilmente comprensible) para los oídos de un lector anglosajón: en la edición de Walter Ker de 1919, los epigramas *hard* de Marcial (que son, de hecho, muy numerosos) se ofrecían a los lectores de lengua inglesa en la traducción del turinés Giuspanio Graglia publicada en Londres en dos volúmenes, en 1782 y 1791[206].

¿Y qué puedo decir de ese epigrama, en el que se mofa de un desconocido Gargilius, que se vanagloriaba de ser un gran *tombeur de femmes*[207] mientras que prefería entregarse a prácticas sexuales que los antiguos consideraban bien poco viriles?

> «Tu lingi, non immembri la mia ragazza;
> et ti millanti qual drudo, e qual
> immembratore. Se t'acchiappo, o Gargilio, tacerai»[208].

Afortunadamente, en las reediciones siguientes se eliminaron esas censuras: después de haber sido reimpresa en cinco ocasiones (1926, 1939, 1948, 1956 y 1963), la traducción de Ker fue finalmente revisada en 1971 (eliminando esas embarazosas traducciones en un italiano que se asemejaba al que utilizaba Vittorio Alfieri en sus tragedias[209]). Por lo tanto, ya hace casi medio siglo que los lectores de lengua inglesa también

pueden captar sin dificultad el significado del epigrama que en español suena más o menos así:

> «Lames, no te follas a mi chica,
> pero te jactas de ser su amante y su follador.
> Si te cojo, Gargilio, te vas a callar».

Otras obras se han encontrado con problemas análogos. El segundo volumen de la *Antología griega*
publicado por la editorial Les Belles Lettres en la
prestigiosa colección que lleva el nombre de uno de
los sabios franceses más importantes del siglo XVI,
la Colección Budé, apareció en 1928; Pierre Waltz,
su editor, no tuvo el valor de traducir en francés el
epigrama 54 del libro quinto (una composición que
había planteado también problemas a Paton, como lo
prueba que en su edición ese es justamente uno de los
poemas que tradujo al latín[210]):

> «Jamás te acuestes con tu esposa embarazada frente a ti
>   para disfrutar de los placeres de la procreación.
> Pues cuando se levanten las olas, será cosa difícil
>   que ella reme y que tú te retuerzas.
> Dale la vuelta mejor y disfruta de su rosado culo,
>   imaginando a tu esposa como una Venus masculina»

Waltz, que era por lo demás un excelente filólogo,
se contenta con resumir este epigrama de Dioscórides (al que le gustaban mucho este tipo de composiciones, como ya habéis visto en el capítulo 9) con
estas palabras: *Le poète expose les dificultés qu' éprouve
un homme dont la femme est enceinte à avoir avec elle
des rapports conjugaux normaux: il engage les maris à se*

conduire alors avec leurs femmes en adeptes de l'Aphrodite masculine («El poeta expresa las dificultades que afronta un hombre cuando la mujer está embarazada para tener con ella relaciones conyugales normales; él aconseja a los maridos relacionarse con sus mujeres adoptando la Afrodita masculina»[211].

Afortunadamente, todo esto parece relegado al pasado. Las traducciones más recientes, en la mayoría de las lenguas modernas (¡incluso al finés!), respetan siempre mis textos originales, sin cortes ni circunloquios.

18

Se podría creer que son los epigramas eróticos los que más interés han suscitado

Se podría creer que son los epigramas eróticos los que más interés han suscitado. En realidad, no es del todo así. Para demostrarlo, me bastará un solo ejemplo entre los muchos que podría mencionar.

El 23 de agosto de 1869 nació en Gernett, Kansas, en el seno de una familia rica y de tradición puritana, un niño que se llamaba Edgar Lee Masters. Animado por su padre (que era abogado), Masters se licenció en derecho y comenzó a trabajar como pasante en el despacho de su padre, pero su pasión por la literatura le llevó a abandonar a sus padres en 1891 para irse a vivir a Chicago. Allí, para hacer frente a sus necesidades, trabajó durante varios años como tipógrafo y periodista, pero las dificultades financieras le obligaron a volver a ejercer la abogacía. Pero eso no atenuó su pasión por la literatura. A lo largo de los años siguientes, Masters publicó numerosas antologías poéticas, que, sin embargo, no recibieron ninguna atención por parte de la crítica. Pero un día, William Marion Reedy, director de un semanal de San Luis que se llamaba *Reedy's Mirror*, le regaló un volumen que contenía una versión inglesa de la *Antología Palatina*[212].

Eso ocurrió en 1909. Hipnotizado por mis epigramas, en particular por los epitafios, Masters empezó a escribir algunos poemas breves inspirados en los epigramas funerarios del libro séptimo, inspirados también en el pequeño pueblo de Petersburgo, atravesado por el río Sangamon, en el que había vivido cuando era niño. Es así como nació la *Spoon River Anthology*, que Masters publicó enseguida en folletines en el *Reedy's Mirror*, justamente a partir de 1914 (bajo el pseudónimo de «Webster Ford»). Después, en un volumen el año siguiente en las prensas del prestigioso editor neoyorquino Macmillan[213].

La antología fue tal éxito que Masters abandonó por segunda vez la profesión de abogado y se trasladó a Nueva York para dedicarse por completo a la literatura y vivir del dinero que le reportaban sus derechos de autor. Escribió también una autobiografía, en la que reflejó las etapas de su carrera literaria (*Across Spoon River*, publicada en 1936)[214]. Falleció en la pobreza, lejos de sus padres y de sus amigos, en un hospital de Pensilvania, el 15 de marzo de 1950, pero su fama sí perdura por siempre viva hasta nuestros días.

¿Que por qué os he contado esta historia? Porque demuestra que de un libro escrito hace mucho tiempo pueden nacer otros libros que cuenten otras historias: de los más de setecientos epigramas funerarios que componen mi séptimo libro y que cantan la muerte de centenares de personajes (hombres, mujeres, niños —pero también animales, como lo habéis visto en el epitafio que recuerda la muerte de un grillo y una cigarra—), nació, mil años después, otra antología original de epigramas funerarios, que giran en torno a imágenes grabadas en las piedras del cementerio de un pequeño pueblo del medio oeste, situado en una colina, y que componen, a través de una multitud de pequeños fragmentos (los epitafios son poco más de doscientos), una microhistoria de la América provinciana entre finales del siglo XIX y comienzos del XX.

Si se encontrase entre mis páginas el epitafio consagrado por Masters a Alexander Throckmorton, no parecería fuera de lugar:

«En mi juventud mis alas eran fuertes e incansables,
pero no conocía las montañas.
Ya de mayor conocí las montañas,
pero mis cansadas alas no podían seguir a mi vista:
el genio es sabiduría y juventud».

Apenas cinco versos —¡un epigrama perfecto! Y podemos decir lo mismo también de otro epitafio, dedicado esta vez a una mujer, Serepta Mason:

«La flor de mi vida podría haber florecido por todos lados,
si no hubiese sido por el viento amargo que marchitó mis pétalos
por el único lado que se vio en el pueblo.
Desde las cenizas lanzo un grito de rebelión:
¡Nunca vieron mi lado floreciente!
Ustedes, los vivos, son estúpidos, de verdad,
pues no conocéis los caminos del viento,
ni las fuerzas invisibles
que gobiernan los mecanismos de la vida».

La serie de imitaciones es potencialmente infinita. A comienzos del año 1970, un autor-compositor-intérprete italiano, Fabrizio de André, registró un álbum titulado *Non al denaro, non all' amore né al cielo* («Ni al dinero, ni al amor, ni al cielo»), una cita extraída de un verso del primer poema de la antología de Edgar Lee Masters, *The Hill*, en la parte consagrada al viejo violinista Jones, que había jugado con la vida durante noventa años, desafiando el aguanieve, sin camisa, bebiendo y peleando, sin pensar en su esposa, su familia, el oro, el amor o el paraíso[215].

En la antología americana *The Hill* («La colina») hace las veces de introducción a la *Antología*, porque revela y presenta los nombres de algunos personajes que serán los protagonistas de los epitafios, un poco como lo hacían en mí las coronas de autores de las antologías antiguas de las que se sirvió mi abuelo Constantino, que introdujo y presentó a los poetas comparándolos con flores[216]. En el álbum también hay una canción que lleva el mismo título («La colina», justamente) y que sirve a de André para presentar los personajes de sus canciones «que duermen, duermen sobre la colina».

Las otras ocho canciones del álbum se inspiran en otros personajes de la antología americana: Frank Dummer se transforma en *Un motto* («un tonto»), Selah Lively, *un giudic* («un juez»), Wendell P. Bloyd, *un blasfemo* («un blasfemo»), Francis Turner, *un malato di cuore* («un enfermo del corazón») y así sucesivamente.

Y del mismo modo que las canciones compuestas por de André se inspiran en los poemas de Masters, estos últimos se habían inspirado en personajes cantados por mis poetas que vivieron en la época helenística, la época imperial, la época bizantina, tras un largo viaje cuyo destino es no detenerse nunca.

Hoy de André también se encuentra sobre una colina, al igual que los personajes de su álbum (y al igual que los personajes de Masters), sobre una de las muchas colinas de su ciudad, en el cementerio de Staglieno[217], en compañía de otros personajes famosos (por citar solo un nombre: Giuseppe Mazzini[218]), detrás de una lápida tapiada en una capilla, junto a su fiel guitarra, mirando hacia el *mä* («el mar», en el dialecto de Liguria[219]).

19

Mi contribución a la difusión del género epigramático ha sido decisiva

Mi contribución a la difusión del género epigramático ha sido decisiva. Es por eso por lo que, habiendo llegado al final de mi autobiografía, creo oportuno decir unas palabras más del subgénero que, de todos, acabó convirtiéndose en el más popular, aunque en mí no es, ni mucho menos, el más representado.

Me refiero al epigrama satírico o, usando un sinónimo derivado del griego, «escóptico», que en mi colección ocupa una parte (la segunda) del libro undécimo[220]. Cuando en nuestros días alguien habla de «epigrama» de manera general, se hace referencia a un poema breve que, salvo algunos casos particulares (el epigrama funerario —es decir, la inscripción—), termina con un final ingenioso («bon mot»). Para definir ese final ingenioso se suele utilizar habitualmente dos expresiones latinas: *fulmen in clausula* («un rayo al final del poema», es decir, «una punta fulgurante al final del poema»[221]), o bien *in cauda venenum* («es en la cola donde se encuentra el veneno», un proverbio de origen medieval que hace referencia al veneno mortal que se oculta en la cola del escorpión[222]).

No es casualidad que estas expresiones estén en latín, pues el epigramatista satírico más famoso es justamente un autor latino, Marcial (*Marcus Valerius Martialis*), que nació en España hacia el año 40 a. C. y que se estableció en Roma en los últimos años del reinado de Nerón[223]. No se dejó de leer a Marcial en Europa durante toda la Edad media, como lo demuestra la existencia de varios manuscritos latinos, algunos años más antiguos que yo, copiados en Francia y hoy día diseminados por bibliotecas de media Europa (y entre ellas algunas en las que también he estado yo: la Vaticana, pero sobre todo la Biblioteca nacional de Francia[224]).

Su fortuna en el Renacimiento es anterior, y no poco, no solamente a mis epigramas, sino también a los epigramas seleccionados por Planudes: el primer manuscrito de Marcial fue descubierto por Boccaccio, en 1462, entre los libros custodiados en la abadía de Montecassino; su primera edición impresa apareció en Roma entre 1470 y 1471 a cargo de los editores Sweynheym et Pannartz[225], seguida de cerca por la publicada en Ferrara en julio de 1471 por Andrea Belfort[226]. A lo largo de los años siguientes, aparecieron la edición preparada por los humanistas Giorgio Merula y Domizio Calderini[227]; antes de finalizar el siglo, en 1489, se publicó (póstumamente) en Venecia el monumental comentario al texto de sus epigramas compuesto por otro gran humanista, Niccolò Perotti, que en su juventud también había sido secretario del cardenal Besarión[228]. Y es también gracias a la creciente popularidad de Marcial (que había comenzado a ser conocido por los estudiosos mucho antes de que se publicaran las primeras ediciones impresas) por lo que el arte del epigrama satírico se extendió rápidamente a partir del siglo XV, como lo demuestra el *Hermafrodita* de Antonio Beccadelli, apodado el Panormita, una colección compuesta hacia 1425 (el resultado no es muy gracioso, lo admito, porque sus ochenta y un epigramas son más obscenos que graciosos, pero a ojos del poeta siciliano debieron de serlo, al menos en parte[229]), logrando un éxito aún mayor con los epigramas burlescos compuestos unas décadas después, a comienzos del siglo XVI, por los poetas florentinos Luigi Alamanni y Anton Francesco Grazzini, apodado *il Lasca*, uno de los fundadores de la Accademia della Crusca, famoso sobre todo por algunos de sus cuentos que disfrutaron de un gran éxito[230].

Pero, llegados a este punto, seguro que os preguntáis lo siguiente: ¿qué relación hay entre Marcial y yo? ¿Qué tienen que ver mis epigramas griegos con los de un autor latino? Pues sí, él tiene relación conmigo, claro que tiene relación conmigo, porque la poesía de Marcial no ha surgido de la nada: sus modelos no han sido solo los poetas latinos que le precedieron (como, por ejemplo, Catulo[231]), sino también los poetas griegos que compusieron sus poemas en los años precedentes, como, por citar solo uno, Lucilio, que está muy presente dentro de mis páginas, que ciertamente fue un ejemplo para Marcial, aunque Marcial no lo mencione jamás[232].

Tomemos como ejemplo este epigrama muy divertido de Marcial, que se burla de una anciana que se compró una peluca:

«Fábula jura que los pelos que ha comprado
son suyos. Pablo, ¿acaso miente?».

Y leamos ahora este epigrama de Lucilio, en el que la diferencia que salta inmediatamente a la vista es el nombre de la anciana:

«Se comenta, Nicila, que te tiñes el pelo, pero tú
te has comprado el más negro en el mercado».

Se ve perfectamente que los dos epigramas, aunque están construidos de manera diferente, dicen a fin de cuentas lo mismo: que una anciana (calva) se ha comprado una peluca (negra según Lucilio y de un color no especificado en Marcial —aunque es difícil de imaginar que su Fábula se comprase una peluca blanca—).

Por lo tanto, en última instancia, aunque los epigramas satíricos del Renacimiento no dependen directamente de mí (debes saber que casi todos los epigramas de Lucilio que se pueden leer en mis páginas se encuentran también en la *Antología* de Planudes), sino solo indirectamente (a través de Marcial, en este caso), sin mis poetas (además de Lucilio, no debemos olvidemos a Nicarco, Amiano, Luciano, etc., que vivieron aproximadamente entre los siglos I-II d. C.) no habría habido epigramas como el (muy famoso) que fue compuesto contra Pedro Aretino, el Aretino:

«Aquí yace Pedro Aretino, un poeta toscano.
De todos hablo mal, excepto de Cristo,
excusándose así: "No lo conozco"».

Este epigrama (se duda de su autoría, pero parece que fue el historiador Paolo Giovio quien lo escribió, aunque la atribución no es segura al cien por cien[233]) es un ejemplo de epitafio satírico, un género muy de moda en las literaturas europeas, que apareció por primera vez justo entre mis epigramas, porque un subgénero muy apreciado entre los epigramas satíricos es el epitafio ficticio que celebra la pasión por el vino por parte de mujeres que beben de forma excesiva —como, por ejemplo, este:

«La anciana Maronis reposa en esta tumba,
　　que ves coronada con la escultura de una copa.
La balbuceante borracha no llora por sus hijos,
　　ni por su padre indigente; solo una cosa la entristece
incluso en el más allá: que la jarra que está
　　en lo alto del sepulcro no esté llena de vino».

El epitafio burlesco contra Aretino es especialmente acertado, porque no solo censura su tendencia excesiva a hablar mal de todo el mundo, sino también su (presunta) impiedad.

Como la respuesta de Aretino (siempre que sea él quien la escribió, porque esta atribución es controvertida) no es particularmente divertida, no merece la pena citarla aquí (pero puedes leerla en las notas que encontrarás al final del libro). Los poetas no fueron siempre capaces de responder con tanto *humour*[234] a los ataques de sus colegas. Por ejemplo, Foscolo, para criticar a Vincenzo Monti por haber traducido la *Ilíada* sin saber griego, escribió contra él este célebre dístico[235]:

«Este hombre es el caballero Vincenzo Monti,
   inmenso traductor de los traductores de Homero».

Y Monti respondió con un epigrama menos irónico en el que se mofaba de Foscolo atacándole por una característica física (su pelo rojo, que era tradicionalmente símbolo de un mal carácter), por haber puesto su segundo nombre (Ugo) antes del primero (Niccolò) y por ser un ladrón —una acusación verdaderamente banal y en absoluto justificada:

«Este hombre es el pelirrojo llamado Foscolo,
falso hasta el punto de que llegó a cambiarse a sí mismo
cuando el señor Nicoletto se transformó en Ugo;
Ten cuidado con tu bolso si se acerca a ti».

El éxito de este género literario no se limita solo al interior de las fronteras de Italia, porque también en otros países sedujo a los poetas.

El francés Claude-Carloman de Rulhière, secretario del barón de Breteuil y miembro de la Academia francesa, que vivió en el siglo XVIII, escribió este epigrama con motivo de la muerte de François Richer d'Aube, que era conocido por ser un gran charlatán[236]:

«Que la bondad divina, árbitro de su suerte,
le conceda el descanso que nos dio su muerte».

John Wilmot, segundo conde de Rochester, está considerado como el poeta satírico inglés más importante. Fallecido con tal solo treinta y tres años, vivió en la época del rey Carlos II, para quien escribió este epitafio ficticio[237]:

«Aquí yace un rey grande y poderoso;
Nadie creyó nunca en sus promesas.
Nunca dijo nada estúpido.
Tampoco hizo nunca nada sabio».

El rey, acostumbrado a las bromas del conde, no solo no se enfadó, sino que respondió reconociendo que era la verdad, porque las palabras que pronunció eran suyas de verdad, mientras que las acciones correspondían realmente a sus ministros.

La tradición tampoco desapareció en el siglo XX. Daré solo un nombre entre otros muchos: el periodista Indro Montanelli, quien a partir de los años cincuenta comenzó a escribir epitafios cómicos sobre algunos de sus contemporáneos[238]. Citaré uno, para que te hagas una idea, en el que se burla con sutileza del gran editor Alberto Mondadori, subrayando que hubiese tenido pocas posibilidades de éxito sin la ayuda de su padre Arnoldo[239]:

«Aquí yace
Alberto Mondadori,
hijo de Arnoldo,
padre del nieto de Arnoldo».

Podríamos continuar así mucho tiempo (y os divertiríais mucho, sin duda), pero prefiero pararme aquí. Ahora lo sabéis todo de mí. Pero queda todavía una etapa, la última de la que querría hablaros, ahora que he llegado al final de mi larga historia.

20

Durante la mayor parte de mi vida permanecí escondido

Durante la mayor parte de mi vida permanecí escondido. Al principio estuve oculto en la pequeña biblioteca de un monasterio de Constantinopla, codeándome con otros manuscritos que, como yo, contenían textos antiguos, sin que existiese la más mínima lista, el más mínimo catálogo que permitiese conocer mi existencia; luego estuve escondido en el fondo del baúl de un viajero anónimo que se había embarcado para atravesar el mar Egeo, el Jonio y el Adriático; luego me escondieron en la casa de un filólogo que me hojeó cuidadosamente, anotando en otro manuscrito los versos que llevaba dentro de mí; luego me escondieron en las maletas de un humanista que estaba viajando y se movía continuamente por Europa; luego me escondieron en casa de otro intelectual que pensaba sobre todo en su carrera política; luego me escondieron de nuevo en el fondo de un baúl, pero esta vez pertenecía a un médico —y siempre a merced de las guerras que durante siglos han puesto a Europa patas arriba, siempre a punto de ser destruido, siempre con el riesgo de perderme definitivamente.

Aunque he recorrido media Europa, desde Italia hasta Inglaterra, desde Inglaterra a Bélgica (luego de regreso a Inglaterra, luego de regreso a Bélgica), de

Bélgica a Alemania, de Alemania a Italia, de Italia a Francia, de Francia a Alemania nuevamente (aunque solo la mitad), durante todos estos años siempre he estado escondido, celosamente guardado, prestado solamente —y con extrema precaución— a personas privilegiadas que habrían hecho todo lo posible para retirarme para siempre de la vista de los demás y hojearme en una bendita y completa soledad.

Pero créanme, es un libro el que os lo dice (y por lo tanto puedo hablar con conocimiento de causa): ¡la literatura no está hecha para permanecer oculta! Los libros, todos los libros deben circular, vivir al aire libre; si están encerrados, los libros mueren, porque ya nadie se acuerda de ellos. Por supuesto, lógicamente, ya no estoy más oculto a la vista del común de los mortales: los poemas que llevo en mí se han publicado varias veces en las más variadas formas; todo el mundo puede leerlos, ya sea en su idioma original (si sabes griego) o en traducción, en todos los idiomas del mundo, ahora sin más redacciones ni censuras debido a un absurdo sentido de pudor que impone a los autores, que han vivido hace más de mil años, en contextos completamente diferentes, normas que no conocían.

Además, si alguien quiere saber cómo soy de verdad, cuáles son los colores de mi pergamino y las tonalidades de mis tintas, cuáles son las características paleográficas de los numerosos copistas que han escrito en mí, lo puede hacer cuando quiera en la reproducción fotográfica de Preisendanz, si es que puede hacerse con ella[240]. Pero en el caso de que no puedas conseguirla (dado su tamaño, no se encuentra en todas las bibliotecas), podríamos pedir en las dos bibliotecas que me custodian, la Biblioteca Palatina en Heidelberg y en la Biblioteca nacional de Francia en París, un microfilm que, montado e instalado en una máquina específica, mostrará una a una todas mis páginas (y con un poco de suerte, incluso podemos obtener copias legibles).

Pero ahora hay una nueva forma de verme... y es buena, mejor, ya sea en comparación con las fotos de Preisendanz o, sobre todo, en comparación con las imágenes en microfilm, que también estaban en blanco y negro. El uso de las nuevas tecnologías (pienso en particular en la digitalización) han hecho accesible a cualquiera que tenga un ordenador un número potencialmente infinitos de libros —y, entre todos estos libros, también hay manuscritos.

La Universitätsbibliothek de la Ruprecht-Karls-Universität lleva mucho tiempo digitalizando todos sus manuscritos, incluido a mí (para decirlo en términos más simples: primero fotografió todas las páginas de los manuscritos y luego convirtió las imágenes en formato digital que se pueden ver a través de un ordenador). Por lo tanto, cualquiera que quiera ver mi primera mitad (la más extensa) no tiene más que visitar esta página web: http://digi.ub.uniheidelberg.de/diglit/cpgraec23.

Verás que con estas maravillosas imágenes podemos hacer lo que queramos, incluso ampliar los detalles, sin verse obligado a utilizar lupas que siguen siendo esenciales para los investigadores que tienen que acudir a las bibliotecas para consultar todos los manuscritos (muchos, muy numerosos, por desgracia) que aún no han sido digitalizados.

Y, para no quedarse atrás, la Biblioteca nacional de Francia (que lleva varios años digitalizando todos sus manuscritos, ¡y esto llevará tiempo, dado el exorbitante número de manuscritos que se conservan en París!) también digitalizó mi segunda mitad (la más pequeña), que se puede consultar en esta dirección web: http://gallica.bnf.fr/ark:/12148/btv1b8470199g.r=Codicis+Anthologi%C3%A6+Palatini+pars.langES.

Admito que a veces todavía me resulta difícil acostumbrarme a todas estas nuevas increíbles realidades. En el fondo tengo cierta edad y nunca debes olvidar que, cuando nací, los poetas no componían sus versos tocando con sus dedos rítmicamente el teclado de un ordenador. En mi época usábamos otras herramientas un poco más arcaicas, como las que el copista Calimenes, tras llegar a la edad de jubilación, consagró al dios Hermes (el inventor de la escritura) en este epigrama votivo:

> «Su disco de plomo que, al correr correctamente
> cerca de la regla recta, sabe trazar su camino,
> la dura hoja de acero que corta el cálamo,
> la propia regla también, guía de la línea inquebrantable,
> la piedra cepilladora sobre la que el doble diente de la pluma
> se afila al desgastarse por el uso prolongado,
> la esponja, antiguamente, en el fondo de los mares,
> lecho del Tritón errante, sanadora de los errores de la pluma,
> y el tintero con muchos agujeros que contiene todos
> los instrumentos necesarios para escribir bien,
> Calimenes se los ofrece a Hermes, dejando por fin descansar
> su mano vieja que tiembla después de tanto trabajo».

Así es cómo vine al mundo, gracias a las cañas y tinta, reglas y arandelas, cuchillos y esponjas, porque el autor del epigrama (un poeta que ya conocemos: Pablo el Silenciario[241]) vivió en Bizancio solo unos pocos siglos antes de mi nacimiento.

Podría hablar largo y tendido de todo esto, de cómo han cambiado los tiempos, hasta el punto de que hoy los niños, acostumbrados a escribir sus SMS en los teclados de sus teléfonos inteligentes, ya no saben escribir y desesperan a sus profesores con sus ortografías ilegibles —pero prefiero detenerme ahí, para no parecerme a las ancianas charlatanas que nunca dejan de murmurar y quejarse.

Lo que realmente importa es que hoy, al final de todo este largo proceso, estoy aquí, ahora visible para todos; después de haber corrido los riesgos más terribles, después de haber estado a punto de ser destruido en varias ocasiones, gracias a los poderosos descubrimientos de la tecnología moderna, ahora soy una «conquista destinada a durar para siempre», un «bien imperecedero», un *ktêma es aeî*[242], como Tucídides describió su obra histórica.

Y es precisamente con estas palabras (si no les parezco lo suficientemente modesto, pido sinceras disculpas) con las que ahora me gustaría definirme yo mismo: algo eterno, que nunca morirá, algo que, como todo lo que nos llega del mundo y la cultura antiguos, siempre será capaz de proyectar su luz en nuestra vida cotidiana.

Notas bibliográficas

I

Nací en Constantinopla en torno al año 950 d. C.

Karl es Karl Preisendanz, un personaje sobre el cual añadiremos más detalles más adelante; Alan es Alan Cameron, autor del volumen *The Greek Anthology from Meleager to Planudes*, Oxford, Clarendon Press, 1993, un texto fundamental para nuestro conocimiento de la *Antología Palatina*.

No todas las conclusiones de Cameron han sido aceptadas: por ejemplo, P. Orsini, «Lo scriba J dell'*Antologia Palatina* e Costantino Rodio», *Bollettino della Badia di Grottaferrata* 54, 2000, P. 425-35, no cree que J sea Constantino de Rodas.

Para otras críticas de diferente tipo, ver J.-L. van Dieten, «Zur Herstellung des Codex Palat. Gr. 23 / Paris. Suppl. gr. 384», *Byzantinische Zeitschrift* 86-87, 1993-1994, p. 342-62.

Sobre las diferentes manos del manuscrito, ver también M. L. Agati, «Note paleografiche all'*Antologia Palatina*», *Bollettino dei Classici*, serie III, 5, 1984, p. 43-5.

Para la historia del término *epigrama*, ver M. Puelma, «*Epigramma*: osservazioni sulla storia di un termine greco-latino», *Maia* 49, 1997, p. 189-213.

Para el primer epigrama citado en el texto, la inscripción de la copa de Néstor (CEG 454), ver la discusión de E. Passa, «L'epica», en A. C. Cassio (ed.), *Storia delle lingue letterarie greche*, Florencia, Le Monnier, 2008, p. 139-42.

El segundo epigrama citado en el texto es *AP* XVI 309 (anónimo, uno de los numerosos epigramas que describen muy probablemente la estatua de Anacreonte borracho que, según la

Guía de Grecia de Pausanias, 1.25.1, se encontraba en la acrópolis de Atenas); el tercer epigrama se atribuye (pero no sabemos cuán fundamentada está tal atribución) a Simónides de Ceos (fr. 94 Bergk = 6 Page), un poeta lírico que vivió entre los siglos VI y V a. C., según el historiador Heródoto (*Historias* 7. 228).

2

Pero quizás sea mejor que primero les cuente qué tenía en mente Constantino

Quien quiera saber qué era realmente el epigrama epidíctico puede leer las agudas reflexiones de M. Lauxtermann, «What is an Epideictic Epigram?», *Mnemosyne* 51, 1998, p. 525-37. Por dístico elegíaco se entiende la pareja de versos utilizada en la poesía llamada elegíaca (un género que nació en Grecia en el siglo VII a. C. y que tuvo un amplio desarrollo, sobre todo en la literatura latina, con autores como Ovidio, Tibulo y Propercio): un hexámetro (el verso en el que están escritos todos los poemas épicos clásicos, desde la *Ilíada* hasta la *Odisea* y la *Eneida*, etc.) y un pentámetro.

Los textos de los prefacios de Constantino Céfalas a los libros individuales se pueden leer en R. Aubreton, «La tradition manuscrite des épigrammes de l'*Anthologie grecque*», *Revue des Etudes Anciens* 70, 1968, p. 32-81. Para el texto que precede al decimocuarto libro, hay que ver a Cameron, *op. cit.*, p. 136-7.

El papel de Constantino de Rodas en la constitución de nuestro manuscrito es discutido, además de por Cameron, *op. cit.*, también por M. Lauxtermann, *Byzantine Poetry from Pisides to Geometres. Texts and Contexts*, Viena, Österreichische Akademie der Wissenschaften, 2003, I, p. 114-23.

El epigrama citado en el texto es *AP* V 1 (su autor parece haber sido precisamente Constantino Céfalas); los dos pasajes extraídos del 'ciclo' de Agatías (la introducción en verso a su colección de epigramas) son *AP* IV 3.19-24 y 38-41.

3

Durante siglos nunca me moví de Constantinopla

El renacimiento del siglo IX es narrado de manera resumida por L. D. Reynolds y N. G. Wilson, *Scribe and Scholars. A Guide to the Transmission of Greek and Latin Literature*, Oxford, Clarendon Press, 1968 (trad. esp. *Copistas y filólogos. Las vías de transmisión de las literaturas griega y latina*, Madrid, Gredos, 1986, y numerosas reediciones), pero también, de manera más extensa, por N. G. Wilson, *Scholars of Byzantium*, Londres, Duckworth, 1996² (= 1983) (trad. it. *Filologi bizantini*, Nápoles, Morano, 1990).

Otro ensayo importante sobre este período fundamental para los destinos de la literatura griega es P. Lemerle, *Le premier humanisme byzantine*, París, Presses Universitaires de France, 1971.

Los dos manuscritos de Planudes (de los cuales se hablará más adelante en los capítulos siguientes) se conservan en Florencia (*Laurentianus Graecus* 32.16) y Venecia (*Marcianus Graecus* 481). El epigrama enigmático citado en el texto es el *AP* XIV 105 (anónimo), mientras que el otro es una invención de quien esto escribe.

4

Hacía tiempo que mi ciudad
ya no era un lugar seguro

Al Renacimiento de los Paleólogos está dedicado el ensayo de E. Fryde, *The Early Palaeologan Renaissance (1261-c.1360)*, Leiden, Brill, 2000; sobre las relaciones entre Bizancio e Italia a comienzos de la era humanística, un libro fundamental es D. J. Geanakoplos, *Constantinople and the West. Essays on the Late Byzantine (Palaeologan) and Italian Renaissances and the Byzantine and Roman Churches*, Madison, The University of Wisconsin Press, 1989.

Quienes deseen conocer los ecos provocados en Occidente por la caída de Constantinopla pueden leer los numerosos pasajes recopilados, traducidos y comentados por A. Pertusi (*La caduta di Costantinopoli. Le testimonianze dei contemporanei e L'eco nel mondo*, 2 volúmenes, Milán, Fondazione Lorenzo Valla – Mondadori, 1997).

Sobre el destino de la biblioteca de Alejandría, véase L. Canfora, *La biblioteca scomparsa*, Palermo, Sellerio, 1986; un panorama más general es ofrecido por A. Andrisano (ed.), *Biblioteche nel mondo antico. Dalla tradizione orale alla cultura dell'Impero*, Roma, Carocci, 2007.

La principal característica física del dios Príapo (una divinidad de probables orígenes orientales vinculada a la fecundidad) era el miembro erecto, como muestran las numerosas estatuillas conservadas en el Gabinete Secreto del Museo Arqueológico Nacional de Nápoles. A esta divinidad un poeta latino desconocido (quizá el Petronio que escribió el *Satyricon*) dedicó en el siglo I d. C. una colección de unas ochenta poesías conocidas bajo el nombre de *Carmina Priapea*, descubiertas por Boccaccio (y copiadas por él en un manuscrito, el *Laurentianus* lat. 33.31, conservado en Florencia).

Sobre el progresivo redescubrimiento de la literatura griega en Occidente sigue siendo fundamental el tercer capítulo (*Le scoperte dei codici greci*) del monumental trabajo de R. Sabbadini, *Le scoperte dei codici latini e greci ne' secoli 14. e 15.*, Florencia, Sansoni, 1905 (= 1914²), p. 43-71.

Los epigramas citados en el texto son *AP* I 54 (anónimo) y X 4 (Marco Argentario, un poeta que vivió en tiempos del emperador Augusto, entre el siglo I a. C. y el I d. C.).

5

No creo que me quedara mucho tiempo en Padua

Para una biografía de M. Crisoloras, además del clásico G. Cammelli, *I dotti bizantini e le origini dell'Umanesimo*, Florencia, Vallecchi, 1941, véase también el volumen (editado por R. Maisano y A. Rollo) *Manuele Crisolora e il ritorno del greco in Occidente*, Nápoles, Istituto Universitario Orientale, 2002, que contiene las actas de un congreso internacional celebrado en Nápoles del 26 al 29 de junio de 1997.

Sobre la gramática de Crisoloras, que se titulaba *Erotemata* (es decir, 'Preguntas', porque estaba estructurada según una serie de preguntas seguidas de respuestas), véase, además de A. Pertusi, «Erotemata: per la storia e le fonti delle prime grammatiche greche a stampa», *Italia medievale e umanistica* 5, 1962, p. 321-51, especialmente A. Rollo, *Gli Erotemata tra Crisolora e Guarino*, Mesina, Centro Interdipartimentale di Studi umanistici, 2012.

Marco Musuro es una de las figuras más importantes del Humanismo. Sobre él, además de A. Cataldi Palau, «La vita di Marco Musuro alla luce di documenti e manoscritti», *Italia medioevale e umanistica* 15, 2004, p. 295-369, véase especialmente las contribuciones recientes de D. Speranzi, *Marco Musuro. Libri e scrittura*, Roma, Accademia Nazionale dei Lincei, 2013 y de L. Ferreri, *L'Italia degli umanisti. Marco Musuro*, Turnhout, Brepols, 2014.

Sin las ediciones de Aldo Manucio, el conocimiento de la lengua griega no se habría difundido tan rápidamente. Sobre su editorial, véase C. Dionisotti, *Aldo Manuzio: umanista e editore*, Milán, Il polifilo, 1995; M. Davies, *Aldus Manutius, Printer and Publisher of Renaissance Venice*, Londres, The British Library, 1995; M. Sicherl, *Griechische Erstausgaben des Aldus Manutius. Druckvorlagen, Stellenwert, kultureller Hintergrund*, Paderborn/Múnich/Viena/Zúrich, Ferdinand Schoening, 1997.

Para un panorama general sobre la progresiva difusión de la literatura griega en Italia durante el Humanismo y el primer Renacimiento, véase N. G. Wilson, *From Byzantium to Italy: Greek studies in the Italian Renaissance*, Londres, Duckworth, 1992 (trad. it. *Da Bisanzio all'Italia. Gli studi greci nell'Umanesimo italiano*, Alessandria, Edizioni dell'Orso, 2000).

El título original latino de la antología de epigramas publicada por Janus Láscaris (uno de los primeros libros griegos impresos) es *Anthologia epigrammatum Graecorum Planudis rhetoris*.

Debemos a su discípulo Johannes Cuno (cf. M. Sicherl, *Johannes Cuno, Ein Wegbereiter des Griechischen in Deutschland. Ein biographisch-kodikologische Studie*, Heidelberg, Winter, 1978, p. 97) la noticia de que Musuro había traducido algunos epigramas dedicados a la *Ternera* de Mirón (cf. también A. Pontani, «*L´Umanesimo greco a Venezia: Marco Musuro, Girolamo Aleandro e l´*Antologia Planudea», en M. F. Tiepolo y E. Tonetti, *I Greci a Venezia*. Atti del Convegno internazionale di studio. Venezia, 5-7 novembre 1998, Venecia, Istituto Veneto di Scienze, Lettere ed Arti, 2002, p. 381-466). La carta de Erasmo es la V 244 Allen.

El epigrama citado en el texto es *AP* IX 730 (el único epigrama compuesto por un tal Demetrio, identificado con un filósofo estoico originario de Bitinia, que vivió entre los siglos II y I a. C.).

6

Después de un viaje que duró casi dos meses, finalmente llegué a Inglaterra

Que el manuscrito fuera primero regalado por Musuro a Erasmo, y luego por el propio Erasmo a Tomás Moro, es la hipótesis (verosímil, pero no universalmente aceptada) presentada por Cameron, *op. cit.*, p. 178-201.

En esas mismas páginas, Cameron presenta y discute otras numerosas hipótesis sobre las peregrinaciones del manuscrito antes de su reaparición en la Biblioteca Palatina de Heidelberg en 1607 (ver más adelante en el capítulo 9). Entre estas, antes de la hipótesis de Cameron, gozaba de cierta credibilidad aquella (posiblemente planteada por primera vez por P. Herbert) según la cual el manuscrito había pasado de las manos de Angelo Colocci, secretario del papa León X, a las de Fulvio Orsini, uno de los más grandes coleccionistas del Renacimiento, o bien a las de Nicolao Sofiano, y posteriormente, a través del pariente de este último, Michele Sofiano, en manos del filólogo cretense Francisco Porto Mella y de su hijo Emilio, quien vivía en Heidelberg a principios del siglo XVII (ver E. Mioni, «L'*Antologia Greca* da Massimo Planude a Marco», en AA.VV., *Scritti in onore di Carlo Diano*, Bolonia, Pátron, 1975, p. 263-307).

G. McDonald, «Thomas More, John Clement and the *Palatine Anthology*», *Bibliothèque d'Humanisme et Renaissance* 75, 2013, p. 259-70, acepta la hipótesis de Cameron respecto al papel fundamental que jugó Erasmo; sin embargo, siguiendo las agudas consideraciones presentadas por A. Meschini Pontani (A. Meschini, «Lattanzio Tolomeo e l'*Antologia Greca*», *Bollettino dei classici* 4, 1982, p. 23-62; A. Meschini Pontani, «Per l'esegesi umanistica dell'*Antologia Planudea*: i *marginalia* dell'edizione del 1494», en V. Fera, G. Ferraù y S. Rizzo (eds.), *Talking to the Text: Marginalia from Papyri to Print*, Mesina, Centro Interdipartimentale di Studi Umanistici, 2002, p. 557-614), no cree que el manuscrito haya pasado alguna vez por las manos de Musuro, ya que prefiere pensar que Erasmo lo obtuvo en Siena (donde es probable que el manuscrito haya estado, al menos por algún tiempo).

Dentro de la bibliografía sobre Erasmo de Rótterdam, que es vasta, no se puede prescindir del libro de J. Huizinga, *Erasmus and the Age of Reformation*, Londres, Phaidon Press, 1924 (tr. it. *Erasmo*, Einaudi, Torino 1941). Sobre sus conocimientos como estudioso de los clásicos, ver E. Rummel, *Erasmus as Translator of the Classics*, Toronto/Buffalo/Londres, University of Toronto Press, 1985.

El primer epigrama citado en el texto es un epigrama atribuido al poeta lírico Simonides de Ceos (186 Bergk = 55 Page); la sección que lo contiene (indicada con la sigla Σπ) es una de las llamadas *syllogae minores* ('colecciones menores', es decir, las colecciones de epigramas griegos más reducidas en comparación con la *Antología Palatina* y la *Antología Planudea*), que han sido estudiadas recientemente por F. Maltomini, *Tradizione antologica dell' epigramma greco. Le sillogi minori di età bizantine e umanistica*, Roma, Edizioni di storia e letteratura, 2008.

Los dos epigramas de Gregorio Nacianceno son *AP* VIII 30 y 209.

7

En los cuatro años que pasé en Lovaina tuve un encuentro muy interesante

El primer epigrama citado en el texto (Paolo Silenziario) es *AP* V 258, en la traducción histórica de Salvatore Quasimodo, quien publicó una selección de epigramas (*Fiore dell' Antologia Palatina*, Parma, Guanda, luego reeditado en Milán por Garzanti[243]) en 1958, el año anterior a recibir el Premio Nobel de Literatura. El segundo epigrama (el acertijo anónimo) es *AP* XIV 56.

La anacreóntica es la n. 21. En el librito original de Jules-Henri Vernoy de Saint-Georges y Jules Adenis (la traducción italiana que se lee en el texto es la de Angelo Zanardini), las palabras de la canción son las siguientes:

> «Tout boit, amis, dans ce monde. L'été comme l'hiver!
> Le sol boit l'eau qui l'inonde,
> le soleil boit la mer!
> La fleur boit la rosée qui l'attendait au réveil,
> la lune assez osée boit les rayons du soleil!
> Puisqu'au ciel et sur terre tout boit, la nuit, le jour,
> salut au vin qui désaltère! Amis, buvons à notre tour!».

Otro manuscrito que conserva muchas composiciones «anacreónticas» es el *Barberinianus Graecus 310*, estudiado por F. Ciccolella, quien lo publicó en *Cinque poeti bizantini: Anacreontee dal Barberino greco 310*, Alessandria, Edizioni dell'Orso, 2000.

El título original latino de la edición de las *Anacreónticas* publicada por Stephanus en 1554 en París es *Anacreontis Teji Odae, ab Henrico Stephano luce & Latinitae nunc primum donatae*; el título original latino de la antología de epigramas publicada por Stephanus en 1566 en Ginebra es *Florilegium diversorum epigrammatum veterum, in septem libros divisum, magno epigrammatum numero et duobus indicibus auctum*.

A las vicisitudes de la colección de John Clement dedica algunas páginas interesantes McDonald, *op. cit.* La copia de la

Antología Planudea anotada por Falkenburg (no la edición de Manucio de 1503, sino la impresa por Giunti en 1519) se encuentra en la *Bodleian Library* de Oxford, con la sigla *Auct. S. 5.33*; el texto de la anotación es: *Huius florilegii collector fuit Planudes, qui, e vetere circulo, epigrammata obsceniora sustulit, quae etiamnum hodie apud Io. Clemente Britannum exstant.*

8

Mi último propietario privado fue otro profesor de griego

La compleja cuestión de las copias (integrales y parciales) de nuestro manuscrito que se han hecho en los últimos siglos tras su redescubrimiento fue tratada por R. Aubreton en dos densos artículos: «La tradition de l'*Anthologie Palatine* du XVI au XVIII siècle», *Revue d'Histoire des Textes* 10, 1980, p. 1-53 (la primera parte); 11 (1981), p. 1-46 (la segunda parte).

Otras informaciones muy útiles sobre las numerosas copias del manuscrito se encuentran (con gran riqueza de detalles sobre la fortuna de los epigramas griegos en Europa) en estos dos volúmenes escritos por J. Hutton: *The Greek Anthology in Italy to the Year 1800*, Ítaca y Nueva York, Cornell University Press, 1935; *The Greek Anthology in France and in the Latin Writers of Netherlands to the Year 1800*, Ítaca y Nueva York, Cornell University Press, 1946.

La primera copia de Sylburg (la edición 'aldina' de la *Antología Planudea* con sus notas manuscritas, cuyo título original es *Florilegium diversorum epigrammatum in septem libros a Maximo Planude collectorum cum additamentis Aldi*), que había sido durante mucho tiempo considerada perdida, reapareció a finales del siglo pasado.

Sobre su reaparición, durante una exposición que se celebró en Heidelberg en 1986, ver el ensayo de H. Görgemanns, «Von Rom nach Paris und teilweise dort geblieben. Die *Anthologia Palatina*», en el catálogo de la exposición (E.

Mittler (ed.), *Bibliotheca Palatina. Katalog zur Ausstellung vom 8. Juli – 2. November 1986 in der Heiliggeistkirche Heidelberg*, 2 volúmenes, Heidelberg, Braus, 1986, I, p. 485-487). Los dos epigramas de Estratón citados en el texto son *AP* XII 235 y 245.

9

Mi entrada en la Biblioteca Palatina de Heidelberg tiene fecha precisa

La correspondencia entre Escalígero, Saumaise y Casaubon ha sido estudiada recientemente por D. van Miert, «Joseph Scaliger, Claude Saumaise, Isaac Casaubon and the Discovery of the *Palatine Anthology* (1606)», *Journal of the Warburg and Courtauld Institute* 74, 2011, p. 241-61.

La carta de Escalígero a Gruter es la 430 (*Iosephi Scaligeri Epistulae*, Leiden 1627, 789). Sobre él, véase A. Grafton, *Joseph Scaliger: A Study in the History of Classical Scholarship, vol. I: Textual Criticism and Exegesis*, Oxford, Clarendon Press, 1983.

Sobre la figura de Isaac Casaubon (un nombre tomado por Umberto Eco para uno de los personajes principales de su segunda novela, *El péndulo de Foucault*) ver H. Parenty, *Isaac Casaubon hélleniste: des studia humanitatis à la philologie*, Ginebra, Droz, 2009.

Las dos cartas escritas por Saumaise para pedir prestado nuestro manuscrito fueron publicadas por Henri-Auguste Omont, un ilustre paleógrafo francés que fue el curador de la sección de manuscritos de la *Bibliothèque nationale* de París («Deux lettres de Cl. de Saumaise à J.-A. de Thou sur les anthologies grecque et latine», *Revue de Philologie* 19, 1895, p. 182-7).

El epigrama citado en el texto es *AP* V 55 (Dioscórides, un poeta que vivió a finales del siglo III a. C.).

En 1618 estalló la Guerra de los Treinta Años

Son muchas las fuentes que relatan el viaje de los libros desde Alemania a la Ciudad del Vaticano, basándose también en documentos oficiales. Entre estas, en orden cronológico, A. Theiner, *Die Schenkung der Heidelberger Bibliothek durch Maximilian I Herzog und Churfürsten von Bayern an Papst Gregor XV und ihre Versendung nach Rom*, Múnich, Verlag der Lit. Art. Anstalt., 1844; J. C. F. Bähr, «Die Entführung der Heidelberger Bibliothek nach Rom im Jahre 1623», *Serapeum* 31, 1845, p. 151; A. Ruland, «Zur Geschichte der alten nach Rom entführten Bibliothek zu Heidelberg», *Serapeum* 17, 1856, p. 201; C. Mazzi, «Leone Allacci e la Palatina di Heidelberg», *Il propugnatore* 4, 1891, p. 261-307, y 5, 1892, p. 130-206 y 370-405; L. Canfora, «La Biblioteca Palatina di Heidelberg e una lettera dimenticata di Leone Allacci», *Byzantinische Zeitschrift* 96, 2003, p. 59-66.

Las palabras entusiastas pronunciadas por el papa Gregorio XV al enterarse de la decisión de Maximiliano I de Baviera se pueden leer en L. von Pastor, *Storia dei papi*, Roma, Desclée & c., 1943, XIII, p. 187-8.

Sobre León Alacio (quien describió los eventos del traslado de los volúmenes en una conferencia publicada por primera vez en el artículo de J. C. F. Bähr citado *supra*), ver la tesis de T. J.-M. Cerbu, *Leone Allacci (1597-1669): The Fortunes of an Early Byzantinist*, Ann Arbor, MI, UMI Research Press, 1987.

La complicada cuestión del cambio de numeración ha sido reconstruida con gran precisión por P. Canart, «Les cotes du manuscrit palatin de l'*Anthologie*», *Scriptorium* 35, 1981, p. 227-40. Los epigramas funerarios citados en el texto son *AP* VII 249 (uno de los más famosos epitafios de Simónides) y 361 (anónimo).

II

Estaba convencido de que la Biblioteca Vaticana sería mi residencia definitiva

Sobre la larga historia de la Biblioteca Apostólica Vaticana han salido hasta el día de hoy los siguientes volúmenes: A. Manfredi (ed.), *Storia della Biblioteca Apostolica Vaticana, vol. I: Le origini della Biblioteca Apostolica Vaticana tra Umanesimo e Rinascimento (1447-1534)*, Ciudad del Vaticano, BAV, 2010; M. Ceresa (ed.), *Storia della Biblioteca Apostolica Vaticana, vol. II: La Biblioteca Vaticana tra reforma cattolica, crescita delle collezioni e nuovo edificio (1535-1590)*, Ciudad del Vaticano, BAV, 2012; C. Montuschi (dir.), *Storia della Biblioteca Apostolica Vaticana, vol. III: La Vaticana nel Seicento (1590.1700): una Biblioteca di biblioteche*, Ciudad del Vaticano, BAV, 2014; B. Jatta (dir.), *Storia della Biblioteca Apostolica Vaticana, vol. IV: La Biblioteca Vaticana e le arti nel secolo dei Lumi (1700-1797)*, Ciudad del Vaticano, BAV, 2016[244].

Los manuscritos latinos citados son *Vaticani Latini* 3225 (el Virgilio Vaticano), 3256 (el Virgilio augusteo), 3867 (el Virgilio romano) y 3868 (el manuscrito ilustrado de Terencio). Sobre cada uno de estos magníficos libros ilustrados, véase el rico catálogo de la exposición de M. Buonacuore (ed.), *Vedere i Classici. L'illustrazione libraría dei testi antichi dallo età romana al tardo Medioevo*, Roma, Palombi, 1996.

Sobre las complejas relaciones entre Vossius y Saumaise, encontramos datos interesantes en D. van Miert, *Isaac Vossius (1618-1689) between Science and Scholarship*, Leiden, Brill, 2012, p. 15-42.

Más mordaces (pero quizás con menos credibilidad) son las observaciones de John Addington Symonds, un intelectual inglés que vivió durante la segunda mitad del siglo XIX (y murió en Roma en 1893), citado por G. Nisbet, *Greek Epigram in Reception. J. A. Symonds, Oscar Wilde, and the Invention of Desire, 1805-1929*, Oxford, Oxford University Press, 2013, p. 150 y ss.

El epigrama citado en el texto es *AP* XII 67 (anónimo).

¿Recuerdas la copia de la copia de Escalígero?

La primera edición de Reiske apareció en las p. 434-697 del noveno volumen de *Miscellanea Lipsiensia nova* (Leipzig, Lankisch, 1752); el título completo de la segunda edición (que menciona también el trabajo precedente de Jens) es *Anthologiae Graecae a Constantino Cephala conditae libri tres, duo nunc primum tertius post Iensium iterum editi cum Latina interpretatione, commentariis et notitia poetarum*, Leipzig, Gleditsch, 1754.

Jens publicó su propia edición de epigramas en una antología que contenía también sus «Reflexiones sobre Hesiquio» y sus «Observaciones sobre el estilo homérico» (*Lucubrationes Hesychianae, observata in stylo Homeri, Vetera epigrammata Graeca pro anecdotis prodeuntia*, Róterdam, Beman, 1742); los epigramas, que durante muchos años siguieron siendo conocidos con el nombre de *Carmina Jensiana*, se leen en las p. 307-354[245].

El título original de la edición de Klotz (publicada en Altenbourg por el editor Richter) es *Stratonis aliorumque veterum poetarum Graecorum nunc primum a Cristiano Adolpho Klotzio edita*.

Las *Observaciones* de Lessing (*Zerstreute Anmerkiungen über das Epigramme und einige der vornehmsten Epigrammatisten*), publicadas en la primera parte de *Vermischten Schriften* (Berlín, Voß, 1771), han sido traducidas al italiano por Simonetta Carusi (G. E. Lessig, *Osservazioni sparese sull' epigrama*, Nápoles, Liguori, 2009); véase también M. Citroni, «La teoría lessinghiana dell' epigrama e la interpretazioni moderne di Marziale», *Maia* 21, 1969, p. 215-243, y S. Carusi, «La teoría dell' epigrama in Lessing», *Annali dell' Istituto Orientali di apoli – Sezione Germanica* 8, 1998, p. 7-28.

Las *Observaciones* de Herder (*Anmerkungen über die Anthologie der Griechen, besonders über das griechische Epigramm*) se leen en la primera antología de *Zerstreute Blätter* (Gotha, Ettinger, 1785).

La edición de Brunck (*Analecta veterum poetarum Graecorum*), publicada en Estrasburgo por el editor Heitz, fue reimpresa en 1785.

La comedia en cinco actos *Les Femmes savantes*, la penúltima obra de Molière, fue representada por primera vez el 11 de marzo de 1672 en el Palacio Real.

Para más precisiones sobre el tratado de Tolentino, véase L. von Pastor, *Storia dei papi*, Roma, Desclée & C., 1955, XVI, 3, p. 620.

El título original de la publicación del abad Spalletti es Ἀνακρέοντος... Συμποσιακὰ Ἡμιάμβια, *Anacreontis Teii convivalia semiambia*. Los «hemiambos» (más conocidos por el nombre de «dímetros yámbicos») son una estructura métrica particular utilizada por Anacreonte (y recuperada por los poetas que, inspirándose en Anacreonte, compusieron los poemas anacreónticos). Las ilustraciones de los poemas se deben a Michelangelo Ricciolini; los grabados son de Camillo Tinti y Pietro Bombelli; el grabado que reproduce las páginas 676-691 del manuscrito es de Filippo Piale[246].

Los epigramas citados en el texto son *AP* IX 415 (Antífilo de Bizancio), VII 14 (Antípatro de Sidón, que vivió en el siglo II a. C.) y V 204 (Meleagro).

13

Todo el mundo sabe que Napoleón se llevó a París cuadros y estatuas

El manuscrito de Tito Livio, que contiene la tercera década de su *Historia romana*, se conoce con el nombre de «Puteanus», porque perteneció al humanista Claude Depuy (su nombre latinizado era Claudius Puteanus)[247].

Simon Chardon de La Rochette publicó tres libros de *Mélanges de critique et de philologie* en la editorial de D'Hautel[248], en París, en 1812. Cito a continuación lo que él dice sobre la confiscación del manuscrito: «El papa estaba tan celoso de conservar este manuscrito que se lo llevó a Terracina con sus joyas más valiosas; pero nuestros comisionados lo trajeron de vuelta; y al darse cuenta de que había sido encuadernado de nuevo y de que el Anacreonte se había separado, también trajeron de vuelta el Anacreonte y las dos partes se contabilizaron como un solo manuscrito»[249].

En el prefacio de la obra, Chardon anuncia la próxima publicación de otros dos volúmenes: en el cuarto debería aparecer el comentario de un poema de Pablo el Silenciario (la descripción de las «Termas Pitias») testimoniado en nuestro manuscrito, mientras que el quinto debería contener el texto griego y la traducción francesa de la novela (hasta entonces inédita) de Nicetas Eugeniano, *Los amores de Drosila y Charicles*[250]. Pero los dos volúmenes previstos no fueron nunca publicados, porque Chardon de La Rochette falleció dos años después, en 1814.

Sobre este interesante personaje, véase L. Canfora, *Vita di Chardon de la Rochette commissario alle biblioteche seguita dal Carteggio inedito (1800-1807 ; 1811-1814), a cura di Maria Stefania* MONTECALVO *e dalla Vita inedita scritta da René Tourlet* a cura di P. Butti de Lima, Mesina, Dipartamento di Filologia e Lingüística dell' Università di Messina, 2003.

Los títulos originales de las dos primeras obras de Jacobs son *Emendationes in epigrammata Anthologiae Graecae* (1793) y *Anthologia Graeca sive poetarum Graecorum lusus ex recensione Brunckii* (1794-1795): su trabajo sobre Eurípides se titula *Animadversiones in Euripidis tragoedias* (*Notas sobre las tragedias de Eurípides*), publicadas en Gotha por el editor Ettinger.

El primer epigrama citado en el texto es *AP* II 168-170: como las ochenta descripciones de estatuas del gimnasio público de Constantinopla, que corresponde a otros tantos epigramas, no están separados en el manuscrito palatino, el libro II se presenta igualmente en las ediciones modernas como una composición única extensa de 408 hexámetros (la versión que se puede leer en la *Antología planudea* contiene ocho versos más, casi seguramente auténticos[251]).

El segundo epigrama citado es *AP* III 8.

Mi segunda estancia en París fue muy breve

Cito a continuación la lista completa de los títulos latinos originales del conjunto de la considerable producción de Jacobs consagrada a la *Antología Palatina* (incluye los volúmenes que serán
citados en el capítulo siguiente):

— *Emendationes in epigrammata Anthologiae Graecae. Auctore
Friderico Iacobsio*, Leipzig, Dyck, 1793;

— *Anthologia Graeca sive poetarum Graecorum lusus ex recensione Brunckii. Indices et commentarium adiecit Friedericus
Iacobs*, Leipzig, Dyck, tomos 1-4, 1794; tome 5, 1795;

— *Friderici Jacobs Animadversiones in epigrammata Anthologiae Graecae secundum ordinem Analectorum Brunckii*, Leipzig, Dyck, vol. I (tomos 1-2), 1798; vol. II, tomo 1, 1799; vol.
II, tomo 2, 1800; vol. II, tomo 3, 1801; vol. III, tomo 1, 1802;
vol. III, tomo 2, 1803; vol. III, tomo 3, 1814;

— *Anthologia Graeca ad fidem codicis olim Palatini nunc Parisini ex apographo Gothano edita. Curavit Epigrammata in
codice Palatino desiderata et annotationem criticam adiecit
Fridericus Jacobs*, Leipzig, Dyck, vol. I, 1813; vol. II, 1814;
vol. III, 1817 (con el apéndice de Paulssen: *Accesserunt su-
pplementa variarum lectionum ex ipso codice Palatino summa
denuo diligentia collato ab Antonio Iacobo Paulssen, philoso-
phiae doctore*);

— *Bibliotheca Graeca: virorum doctorum opera recognita et commentariis in usum scholarum instructa, curantibus Friderico
Jacobs et Val. Chr. Fr. Rost. Poetarum, vol. XX, continens De-
lectum epigrammatum Graecorum, ed. Frid. Jacobs,* Gotha y
Erfurt, Hennings, 1826.

El epigrama citado en el texto es *AP* XI 401 (atribuido —pero
ignoramos qué fiabilidad tiene dicha atribución— a Luciano, el
célebre escritor satírico griego que vivió en el siglo II d. C.)[252].

Seguro que recordáis
que tras mi viaje a Roma me dividí en dos

Se puede leer la carta del ministerio en la introducción a K. Preisendanz, *Anthologia Palatina: Codex Palatinus et Codex Parisinus phototypice editi*, Leiden, Sijthoff, 1911.

El epigrama citado en el texto es *AP* VII 190 (Ánite o Leónidas; la primera fue una poetisa arcadia que vivió en el siglo III a.
C., mientras que el segundo, originario de Tarento et que vivió
entre el siglo IV y el III a. C, es uno de los epigramatistas más
importantes de la época helenística). Aquí dejo la traducción italiana de S. Quasimodo[253]:

> «A un grillo, usignolo dei campi,
> e a una cicala, ospite delle querce,
> piangendo molte lacrime infantili,
> una tomba comune fece Miro.
> Ade crudele le strappo di colpo
> i suoi amati trastulli».

> «Para un grillo, ruiseñor de los campos,
> y para una cigarra, huésped de las encinas,
> llorando muchas infantiles lágrimas,
> una fosa común hizo Miró.
> El cruel Hades le arrebató de un golpe
> sus queridos juguetes».

Con la aparición del volumen cuarto editado por
Dübner, tengo por fin una edición fiel

La edición completa de referencia (en cuatro volúmenes, con
traducción alemana cara a cara junto al texto griego) es la edita-

da por H. Beckby (*Anthologia Graeca*, Múnich, Ernst Heimeran Verlag, 1957-1958, 1965-1967²); otra edición prestigiosa (en trece volúmenes) es la editada por numerosos filólogos (y a lo largo de un período demasiado largo, que va de 1928 a 2011) y publicada por la editorial parisina *Les Belles Lettres*²⁵⁴.

Para el público italiano, a la histórica traducción de F. M. Pontani (*Antologia Palatina*, 4 vols., Turín, Giulio Einaudi Editore, 1978-1981) se le ha unido recientemente la edición de F. Conca, M. Marzi y G. Zanetto (*Antologia Palatina*, 3 vols. Turín, UTET, 2005-2011)²⁵⁵.

Las mejores antologías de la *Antología Palatina* son las de A. S. F. Gow et D. L. Page, *The Greek Anthology: Hellenistic Epigrams*, 2 vol., Cambridge, Cambridge University Press, 1965; A. S. F. Gow y D. L. Page, *The Greek Anthology: The Garland of Philip and Some Contemporary Epigrams*, 2 vol., Cambridge, Cambridge University Press, 1968; D. L. Page, *Further Greek Epigrams: Epigrams before A.D. 50 from the Greek Anthology and Other Sources, not Included in «Hellenistic Epigrams» or «The Garland of Philip»*, Cambridge, Cambridge University Press, 1981.

En lo que se refiere a ediciones de poetas individuales, propongo aquí una selección entre los más recientes (clasificada por orden alfabético de los autores antiguos)²⁵⁶:

— Amiano (H. Schulte, *Die Epigramme des Ammianos. Text, Übersetzung, Kommentar*, Trier, Wissenschaftlicher Verlag, 2004);

— Antípatro de Sidón y Antípatro de Tesalónica (L. Argentieri, *Gli epigrammi degli Antipatri*, Bari, Levante, 2003);

— Asclepiades (L. A. Guichard, *Asclepíades de Samos. Epigramas y fragmentos*, Berna, Peter Lang, 2004; A. Sens, *Asclepiades of Samos. Epigrams and Fragments*, Oxford, Oxford University Press, 2011);

— Calímaco (R. Pfeiffer, *Callimachus II: Hymni et Epigrammata*, Oxford, Clarendon Press, 1953);

— Estraton (L. Floridi, *Stratone di Sardi. Epigrammi*, Alessandria, Edizioni dell'Orso, 2007; M. E. Giannuzzi, *Stratone di Sardi. Epigrammi*, Lecce, Pensa MultiMedia, 2007);

— Filodemo (D. Sider, *The Epigrams of Philodemos*, New York-Oxford, Oxford University Press, 1997);
— Lucilio (L. Floridi, *Lucillio. Epigrammi*, Berlín y Boston, MA, De Gruyter, 2014);
— Macedonio el Cónsul (J. A. Madden, *Macedonius Consul. The Epigrams*, Hildesheim, Olms, 1995);
— Nicarco (H. Schulte, *Die Epigramme des Nikarchos. Text, Übersetzung, Kommentar*, Trier: Wissenschaftlicher Verlag, 1999; A. Schatzmann, *Nikarchos II. Epigrammata. Einleitung, Texte, Kommentar*, Gottingen, Vandenhoeck & Ruprecht, 2012);
— Posidipo (C. Austin, G. Bastianini, *Posidippi Pellaei quae supersunt omnia*, Milán, LED, 2002);
— Rufino (D. L. Page, *The Epigrams of Rufinus*, Cambridge, Cambridge University Press, 1978; R. Hoschele, *Verrückt nach Frauen. Der Epigrammatiker Rufin*, Tubingen, Narr, 2006);
— Simónides (L. Bravi, *Gli epigrammi di Simonide e le vie della tradizione*, Roma, Ateneo, 2006);

Cito a continuación otras ediciones importantes consagradas a libros concretos (o a secciones de algunos libros): para el libro II, véase F. Tissoni, *Cristodoro. Un'introduzione e un commento*, Alessandria, Edizioni dell'Orso, 2000; para los *Carmina figurata* (una sección del libro XV), véase J. Kwapisz, *The Greek Figure Poems*, Lovania, Peeters, 2013[257].

La lista es infinita: el volumen de Reitzenstein (*Epigramm und Skolion. Ein Beitrag zur Geschichte der alexandrinischen Dichtung*) fue publicado en 1893 en Giessen por el editor Ricker; para una visión general, véase P. Bing y J. S. Bruss (eds.), *Brill's Companion to Hellenistic Epigram: Down to Philip*, Leiden, Brill, 2007.

Las informaciones recogidas en la introducción de la edición fotográfica de nuestro manuscrito se pueden leer igualmente en la obra *Zur griechischen Anthologie: Marc. 481, Paris. Suppl. Gr. 384, Palat. 23*, publicada por el mismo Preisendanz en 1910 en Leipzig por el editor Teubner.

El epigrama citado en el texto (*AP* IX 563) se atribuye a Leónidas de Tarento en nuestro manuscrito, pero a Filipo de Tesalónica en la *Antologia Planudea*[258].

17

Al menos en parte ya he sido traducido a algunas lenguas modernas

El título de la traducción francesa de Dehèque (que traduce igualmente en francés una obra menor de Silvio Pellico, el discurso *Des devoirs des hommes*) es *Anthologie grecque traduite sur le texte publié d'après le manuscrit palatin par Fr. Jacobs avec des notices biographiques et littéraires sur les poètes de l'Anthologie.*

Sobre los traductores que optaron por utilizar eufemismos (practicando un arte que los anglosajones designan con el verbo *to bowdlerize*, derivado del nombre del médico inglés Thomas Bowdler, que nació cerca de Bath en 1754 y se hizo famoso —muy a su pesar— por publicar en 1807 *The Family Shakspeare*, una edición expurgada de las obras de Shakespeare dirigida a mujeres y niños), véase S. Harrison y C. Stray (ed.), *Expurgating the Classics. Editing Out in Greek and Latin*, Londres, Bloomsbury, 2012.

Los libros de la editorial Loeb se publican en colaboración con una casa editorial inglesa (Heinemann, Londres) y otra americana (Putnam's Sons, Nueva York, después Harvard University Press).

Una traducción en finés de algunos epigramas de la *Antología Palatina* con comentario se localiza en *Hautojen lauluja. Muistosanoja antiikin hautakivistä*, Helsinki, Tammi, 2008.

Los epigramas citados en el texto son, por orden, *AP* XI 395 (Nicarco) (las peripecias de estos epigramas son descritas en A. Cameron, *The Greek Anthology from Meleager to Planudes*, Oxford, Clarendon Press, 1993, p. 353-355), V 35 (Rufino), el epigrama III 96 de Marcial y *AP* V 54 (Dioscórides).

Se podría creer que son sobre todo los epigramas eróticos los que más interés han suscitado

En Italia, la antología de *Spoon River* fue publicada por primera vez por Einaudi en 1943.

Fue Cesare Pavese mismo quien confió su traducción a Fernanda Pivano (que en aquella época apenas tenía veinticinco años). En Francia se han publicado cuatro traducciones después de 1976: *Spoon River*, trad. M. Petris y K. White, París, Champ libre, 1976; *Des voix sous les pierres. Les épitaphes de Spoon River*, trad. P. Reumaux, Ruan y París, E. Brunet-Phebus, 2000; *Spoon River*, trad. D. Merle, París, Allia, 2016; *Spoon River. Catalogue des chansons de la rivière*, trad. General Instin, París, Othello, 2016[259].

Sobre el álbum de De Andre, véase G. Zeppegno, «La tenacia delle immagini: viaggio esplorativo nella Spoon River di Fabrizio De Andre», *Critica del testo* 10-3, 2007, p. 139-168.

Mi contribución a la difusión del género epigramático ha sido decisiva

Sobre la fortuna de Marcial véase el estudio M. Petoletti, «Gli *Epigrammi* di Marziale prima dell'Umanesimo: manoscritti, fortuna, tradizione», en D. Bianconi (dir.), *Storia della scrittura e altre storie*, Roma, Accademia Nazionale dei Lincei, 2014, p. 147-177. Sobre la compleja historia de las primeras ediciones impresas de Marcial, véase la tabla confeccionada por J. P. Sullivan, *Martial: The Unexpected Classic. A Literary and Historical Study*, Cambridge, Cambridge University Press, 1991, p. 264-266[260]. El título completo del comentario de Perotti (que en 1458 había sido nombrado arzobispo de Siponto) es *Cornu Copiae sive Commentarii Linguae Latinae*.

La edición más reciente de *El Hermafrodito* del Panormita es la de D. Coppini (*Antonii Panhormitae Hermaphroditus*, Roma, Bulzoni, 1990)[261]. Los ciento veintidós epigramas de Alamanni fueron publicados en 1560 por el editor florentino Giunta en un apéndice a su obra más célebre, el poema didáctico en seis libros titulado *La coltivazione* (*L'agriculture*). Los veintiún epitafios burlescos, más otros cinco, de Grazzini se leen en las p. 695-703 de la edición elaborada por C. Verzona (*Le Rime burlesche edite e inedite di Antonfrancesco Grazzini detto il Lasca*, [s. l.], Lulu, 2015)[262].

La respuesta atribuida a Aretino es la siguiente:

«Qui giace il Giovio storicone altissimo,
Di tutti disse mal fuor che dell'asino,
Scusandosi col dire : "Egli e mio prossimo"».

«Aquí yace el gran Giovio, historiador de todo.
de todos habla mal, menos del asno, disculpándose
con estas palabras: "Es porque es el que más se me parece"».

Paolo Giovio (que no fue solo un gran historiador, sino también médico y obispo de Nocera) era particularmente odioso para Grazzini, que escribió hasta tres epigramas en su contra, de los que dos criticaban sus (supuestas) tendencias homosexuales:

«Qui giace Paolo Giovio ermafrodito,
Che vuol dire in volgar moglie e marito».

«Aquí yace Paolo Giovio, el hermafrodita,
que en lengua vulgar significa esposa y marido».

Y:

«Qui giace il Giovio : a si gran nome corra
Tutto lo stuol di Soddoma e Gomorra».

«Aquí yace Giovio: detrás de un nombre tan grande corre
toda la multitud de Sodoma y Gomorra».

El texto del epigrama de Rulhiere fue publicado en 1769 en su *Discours en vers sur les disputes*.

El texto original del epitafio de Carlos II (que se puede leer en *The Complete Poems of John Wilmot, Earl of Rochester*, ed. por D. M. Vieth, New Haven (CT), Yale University Press, 2002² (= 1968), p. 49) es:

> «Here lies a great and mighty King,
> Whose promise none relied on;
> He never said a foolish thing,
> Nor ever did a wise one».

Los epitafios de Montanelli han sido recopilados por Marcello Staglieno (que los define en su introducción como «un *Spoon River* con ácido prúsico») en el volumen *Ricordi sott'odio. Ritratti taglienti per cadaveri eccellenti*, Milán, Rizzoli, 2011.

Podemos leer una ágil antología de epigramas funerarios humorísticos en G. Pecori, *Maldicenza di ieri e di oggi. Guida all'epitaffio burlesco*, Milán, SugarCo, 1974.

Los epigramas citados en el texto son *AP* VI 12 (Marcial) y XI 68 (Lucilio); el falso epitafio de Maronis es *AP* VII 353 (Antipatro de Sidón).

20

Durante la mayor parte de mi vida permanecí escondido

El epigrama citado en el texto es *AP* VI 65. Una breve sección del libro VI está dedicada a los instrumentos de los copistas: los epigramas 64 y 66 son también obra de Pablo el Silenciario; los otros son 62-63 y 67-68 (a los que hay que añadir igualmente el epigrama 295).

Notas de los traductores

1   Esta publicación es parte del proyecto I+D+I PID2021-123138NB-I00, financiado por el MCIN/ AEI/10.13039/501100011033/ y por el proyecto del FEDER «Una manera de hacer Europa» (Prof. J. A. Clúa Serena), y del proyecto «Manuscritos griegos en España y su contexto europeo (IV): cuestiones pendientes (PID2024-156703NB-I00)», financiado por MICIU/AEI/10.13039/501100011033/FEDER, UE (Prof. G. Galán Vioque).

2   El origen animal del material del que está hecho el manuscrito se debe a que es un manuscrito en pergamino, un material que sustituyó en torno al siglo I d. C. al papiro por ser más fácil de conseguir, más duradero y de mejor calidad. Para el proceso de fabricación del pergamino, véase E. Ruiz García, *Introducción a la codicología*, Madrid, Fundación Germán Sánchez Ruipérez, 2002, p. 55-59.

3   Constantino Céfalas (siglo X) es conocido por la elaboración de una antología de epigramas que fue la base de la *Antología* de Planudes y la *Antología Palatina*. Fue probablemente protopapa de Constantinopla en el siglo X d. C. El juego de palabras que sigue se debe a que el apellido «Céfalas» es un derivado de κεφαλή que en griego clásico significa «cabeza» (=κεφάλι en griego moderno).

4   Se trata de una copa manufacturada en Rodas o en sus alrededores en el período geométrico tardío (750-700 a. C.) que presenta una de las inscripciones más antiguas en alfabeto griego, datable ente los años 720-712 a. C. Fue hallada por G. Buchner en 1954. Véase C. O. Pavese, «La iscrizione sulla kotyle di Nestor da Pithekoussai», *Zeitschrift für Papyrologie und Epigraphik* 114, 1996, p. 1-23

5   Basilio I (*circa* 812-886), al que se conocía como «el Macedonio» por haber nacido en la región griega de Macedonia, fue emperador de Bizancio del 867 al 886. Siendo de orígenes humildes, logró avances en el fortalecimiento del sistema legal de Bizancio, dando origen a lo que después se conocerá como «la basilika» (la [ley] imperial), e importantes éxitos militares, aliándose cuando fue necesario incluso con occidente. Véase N. Tobias, *Basil I, Founder of the Macedonian Dynasty: A Study of the Political and Military History of the Byzantine Empire in the Ninth Century*, Lewiston, NY, The Edwin Mellen Press, 2007.

6   Sobre este erudito bizantino, también conocido como Gregorio el Maestro, véase N. G. Wilson, *Scholars of Byzantium*, Londres, Duc-

kworth, 1996 (= 1983), p. 138, A. Cameron, *The Greek Anthology from Meleager to Planudes*, Oxford, Clarendon Press, 1993, p. 110–111 y M. Lauxtermann, *Texts and Contexts,* Viena, Österreichische Akademie der Wissenschaften, 2003, I, p. 72-74 y 86–87.

7   La *Antología Palatina* contiene ciento treinta y un epigramas suyos. El epigrama que sirve de introducción a su antología es el hoy *AP* IV 1. Meleagro fue el responsable de la primera gran antología de epigramas griegos, la conocida como *Guirnalda* de Meleagro (I a. C.). En ella incluyó los poemas de aproximadamente cuarenta y seis poetas, la mayoría de ellos de época helenística. Véase A. S. F. Gow y D. L. Page, *The Greek Anthology: Hellenistic Epigrams*, Cambridge, Cambridge University press, 1965, 2 vols., É. Prioux, «Meleager of Gadara», en C. Henriksén (ed.), *A Companion to Ancient Epigram*, Hoboken (NJ), John Wiley & Sons, Inc., 2018, p. 389-405, y, para una traducción al castellano, M. Fernández Galiano, *Antología Palatina I: Epigramas helenísticos*, Madrid, Gredos, 1978.

8   De Filipo de Tesalónica se conservan ochenta y ocho epigramas en la *Antología Palatina.* Él fue el autor de la segunda gran antología de la antigüedad, la que se conoce como *Guirnalda* de Filipo. Incluyó poemas de autores posteriores a los recogidos por Meleagro y anteriores a su fecha de elaboración a mediados del siglo I. Véase A. S. F. Gow y D. L. Page, *The Greek Anthology: the Garland of Philip and Some Contemporary Epigrams*, Cambridge, Cambridge University Press, 1968, 2 vols., y para una traducción castellana, G. Galán Vioque, *Antología Palatina, II: la Guirnalda de de Filipo*, Madrid, Gredos, 2004.

9   En la *Antología Palatina* se le atribuyen ciento cincuenta y un epigramas, más veintitrés de autoría dudosa. Para una traducción de una amplia selección de sus epigramas, véase L. A. Guichard, *Quinientos epigramas griegos*, Madrid, Cátedra, 2021, p. 251-285. En tiempos recientes se ha editado un papiro de la Beinecke Library de la Universidad de Yale, P.CtYBR Inv. 4000, que añade cincuenta y ocho epigramas de Páladas desconocidos (véase K. W. Wilkinson, *The New Epigrams of Palladas - A Fragmentary Papyrus Codex (P.CtYBR Inv. 4000)*, Durham, NC, The American Society of Papyrologists, 2012.

10 Agatías de Mirina (*circa* 536-594), también conocido como Agatías el Escolástico, fue un abogado, historiador y poeta bizantino. Fue el responsable de elaborar la última colección de epigramas de la Antigüedad, la conocida como *Ciclo* de Agatías. Sobre sus epigramas, véanse G. Viansino, *Agazia Scolastico. Epigrammi, testo, traduzione e commento*, Milán, L. Trevisini, 1967 y F. Valerio, *Agazia Scolastico, Epigrammi Introduzione, testo critico e traduzione*, Tesis de doctorado, Università Ca' Foscari de Venecia, 2014. Para una traducción castellana de una selección de sus epigramas, véase L. A. Guichard, *cit. sup.*, p. 285-302.

11 El epíteto porfirogéneta equivale a «nacido en la púrpura».

12 Estratón de Sardes escribió el poemario «La musa de los muchachos» (*Musa puerilis*). En español contamos con las traducciones de L. A.

de Villena, *Estratón de Sardes. La musa de los muchachos*, Madrid, Ediciones Hiperión, 1980, M. González Rincón, *Estratón de Sardes. Epigramas*, Sevilla, Universidad de Sevilla, 1997 (con comentario), G. Galán Vioque, en G. Galán Vioque, M. Á. Márquez Guerrero, *Epigramas eróticos griegos: Antología Palatina, libros V y XII*, Madrid, Alianza editorial, 2001 (2023² ed. rev.), y su *Amor dorio. Epigramas eróticos griegos*, Madrid, Alianza editorial, 2011 y R. González Delgado, *Antología Palatina. Libro XII. Poemas de amor efébico*, Madrid, Akal, 2011.

13   Literalmente el prefacio concluye así: «en los bailes, según afirma el poeta trágico, la mujer prudente no se corromperá» (ἐν χορείαις γὰρ ἥ γε σώφρων, κατὰ τὸν τραγικόν, οὐ διαφθαρήσεται). La cita a la que se hace referencia es Eurípides, *Las bacantes* 317-318: καὶ γὰρ ἐν βακχεύμασιν οὖσ᾽ ἥ γε σώφρων οὐ διαφθαρήσεται.

14   Estos epigramas, que constituyen el libro XIV de la *Antología Palatina*, pueden leerse en castellano, junto con los incluidos en los libros XIII (Curiosidades métricas) y XV (Miscelánea), en la edición de B. Ortega Villaró y M.ª T. Amado Rodríguez, *Antología Palatina. Libros XIII, XIV, XV (Epigramas variados)*, Madrid, CSIC, 2021.

15   Se trata de un poema de cuatrocientos dieciséis hexámetros, de los que solo cuatrocientos ocho se nos han transmitido en el manuscrito palatino. Véase F. Tissoni, *Cristodoro. Un' introduzione e un commento*, Alessandria, Edizioni dell' Orso, 2000.

16   Gregorio Nacianceno (329-389), también conocido como Gregorio el Teólogo, es autor de numerosos tratados de teología, destacando entre los demás Padres de la Iglesia por su conocimiento de la tradición clásica y su uso de los elementos propios de la retórica clásica. Para su biografía, puede leerse su autobiografía, *Carmen de vita sua*, en versión castellana de S. García Jalón: Gregorio Nacianceno, *Fuga y autobiografía*, Madrid, Ed. Ciudad Nueva, 1996.

17   Se trata de los epigramas *AP* XV 15, 16 y 17.

18   Constancio II (317-361), cuyo nombre completo fue Flavio Julio Constancio Augusto, fue emperador romano responsable de las regiones orientales del imperio entre 337 y 361.

19   Se trata de manuscritos enriquecidos con decoraciones y pinturas.

20   Bardas, un noble que ocupó cargos relevantes en la administración bizantina, falleció el 21 de abril de 866. Teodora (501-548) fue emperatriz del Imperio bizantino y esposa de Justiniano I. Se la ha considerado la mujer con más poder e influencia de la historia de Bizancio y una pionera del movimiento feminista. Véase J. Herrin, *Mujeres en púrpura: Irene, Eufrosine y Teodora, soberanas del medievo bizantino*, Madrid, Taurus, 2002 (versión castellana de *Women in Purple: Rulers of Medieval Byzantium*, Londres, Phoenix press, 2002).

21   Sobre este erudito bizantino, que vivió entre aproximadamente los años 790-869, véase Ó. Prieto Domínguez, *De alieno nostrum: el centón profano en el mundo griego*, Salamanca, Publicaciones de la Universidad, 2010, p. 120-123.

22 Aretas de Cesarea (860-935) fue un obispo, teólogo y bibliógrafo bizantino, cuya biblioteca jugó un papel decisivo en la pervivencia del legado clásico griego. Conservamos incluso algunos códices anotados por él. Véase L. D. Reynolds, N. G. Wilson, *Copistas y filólogos*, Madrid, Gredos, 1995 (= 1974²), p. 67-68.

23 Se trata de un filósofo neoplatónico, poeta e historiador que vivió entre *circa* 1018 y 1078. Fue, además, uno de los políticos más influyentes de su tiempo. Para una biografía reciente, véase D. Walter, *Michael Psellos – Christliche Philosophie in Byzanz. Mittelalterliche Philosophie im Verhältnis zu Antike und Spätantike*, Berlín y Boston, De Gruyter, 2017.

24 Máximo Planudes (1260-1330) fue una de las figuras más relevante en lo que a la transmisión de la literatura griega se refiere, pues por sus manos pasaron un gran número de autores griegos de primera línea, tales como Píndaro, Teócrito, Árato y Plutarco, entre otros. Véase N. G. Wilson, *Scholars of Byzantium*, Londres, Duckworth, 1996 (= 1983), p. 230-241.

25 Para estas traducciones, véase E. A. Fisher, *Planudes' Greek Translation of Ovid's Metamorphoses*, Nueva York y Londres, Garland Publishing, 1990, M. Carrozza, *La metafrasi planudea della Heroides di Ovidio*, Alessandria, Edizioni dell' Orso, 2023 y P. E. Easterling, E. J. Kenney, *Ovidiana Graeca: Fragments of a Byzantine Version of Ovid's Amatory Works*, Cambridge, Cambridge Philological Society, 1965. Para una vision general de su papel como traductor, véase E. A. Fisher, «Planoudes, Holobolos, and the Motivation for Translation», *GRBS* 43, 2002/3, p. 77–104.

26 Se trata de un monasterio ya mencionado en 1094 y que desapareció al final de la época bizantina. Recientemente la antigua iglesia bizantina de Estambul conocida como Eski Imaret Camii ha sido identificada como la iglesia de este monasterio.

27 La cuarta cruzada, que, como las anteriores, se dirigía a Tierra Santa, terminó siendo una excusa para tomar y saquear la ciudad de Constantinopla. Tuvo lugar entre los años 1202 y 1204. Véase J. Phillips, *The Fourth Crusade and the Sack of Constantinople*, Nueva York, Viking, 2004 (hay una traducción castellana de Luis Noriega [Madrid, Crítica, 2005], que ha sido reeditada en Barcelona por El ático de los libros en 2022).

28 Balduino I (*circa* 830-879), al que se conocía como «Brazo de Hierro» o como «el Bueno», fue el primer Conde de Flandes (862 - 879).

29 Erudito de Bizancio que vivió entre *circa* 1283 y 1340 y es especialmente conocido por haber analizado la estructura métrica de los célebres trágicos griegos Esquilo, Sófocles y Eurípides. Para una semblanza en castellano de su vida y logros, véase M. Fernández Galiano, «Demetrio Triclinio en su centenario», *Emerita* 53, 1985, 15-30.

30 Se conoce así al período comprendido entre el año 1260 y 1453, período en el que el imperio bizantino fue dirigido por miembros de la dinastía de los Paleólogos. A pesar de que fue un período convulso en lo que a conflictos bélicos se refiere, las artes y las letras experimentaron un importante florecimiento.

31 Murad II (1404–1451) fue dos veces sultán del Imperio otomano entre 1421 y 1444 y desde 1446 a 1451.

32 Juan VIII Paleólogo (1392-1448), fue coemperador bizantino junto con su padre Manuel II Paleólogo desde 1408 y emperador en solitario desde 1425.

33 Zenobia (235-273) fue la segunda mujer del príncipe Septimio Odenato de Palmira, dependiente del Imperio romano, y gobernante del Imperio de Palmira. Hacia el año 268, aprovechando la extrema debilidad del imperio romano, encabezó una sublevación y creó su propio imperio, llegando a proclamarse reina de Egipto en el año 269, tras invadirlo (véase M.ª J. Hidalgo de la Vega, «Zenobia, reina de Palmira: historia, mito y tradiciones», *Florentia Iliberritana* 28, 2017, p. 79-104).

34 Fue un conquistador musulmán de Egipto que falleció en el año 663.

35 El diseño del edificio se debe al estudio de arquitectura noruego Snøhetta, responsable también de la Ópera de Oslo (Noruega, 2008), el Norwegian Wild Reindeer Center Pavilion (Dovrejfell, Noruega, 2011) y el San Francisco Museum of Modern Art (San Francisco, Estados Unidos, 2016).

36 Ptolomeo II Filadelfo (308-246 a. C.) fue el segundo gobernante de la dinastía ptolemaica y llevó al reino a su máxima expansión, tanto en lo militar, como en lo cultural, pues se convirtió en un gran mecenas de las artes y las letras, patrocinando a poetas de la talla de Calímaco (hacia 310-240 a. C.), Teócrito (hacia 300-260 a. C.) y Apolonio de Rodas (hacia el siglo III a. C.) (véase Walter M. Ellis, *Ptolemy of Egypt*, Londres, Routledge, 1993).

37 Esta anécdota la recoge Galeno en su obra *In Hippocratis Epidemiorum librum I commentaria*, 17a, p. 607, 5-17.

38 Mehmed II (1432-1481), al que se conocía como «Mehmed el Conquistador», fue sultán del Imperio otomano dos veces, entre 1444 y 1446 y después entre 1451 y 1481. Tras apoderarse de Constantinopla en 1453, trasladó allí la capital del imperio y se consideró a sí mismo sucesor de los emperadores romanos utilizando el título de César.

39 Francesco Filelfo (1398-1481) fue uno de los grandes humanistas de los primeros años del Renacimiento italiano. Además de por sus obras en latín, entre las que destacan sus más de dos mil cartas, merece ser recordada su labor como coleccionista, copista y estudioso de manuscritos griegos, muchos de ellos con interesantes anotaciones. Un gran número de sus manuscritos pasaron tras su muerte a la Biblioteca privada de los Médici y hoy pueden consultarse en la Biblioteca Medicea Laurenciana de Florencia (véase P. Eleuteri, «Francesco Filelfo copista e possessore di codici greci», en D. Harlfinger, G. Prato (ed.), *Paleografia e codicologia greca (Atti del II Colloquio internazionale Berlino-Wolfenbüttel, 17-20 ottobre 1983)*, Alessandria, Edizioni dell' Orso, 1991, p. 163-179 y N. G. Wilson, *From Byzantium to Italy: Greek studies in the Italian Renaissance*, Londres, Bloomsbury, 2017² [= 1992], p. 57-61).

40 Las salas de lectura, junto con el vestíbulo y la majestuosa escalinata de acceso, fueron diseñadas por Miguel Ángel en la década de 1520, pero, tras su traslado a Roma, fueron terminadas por los arquitectos italianos Bartolomeo Ammannati (1511-1592) y Giorgio Vasari (1511-1574).

41 Véase E. B. Fryde, *Greek Manuscripts in the Private Library of the Medici, 1469-1510*, Aberystwyth, National Library of Wales, 1996, 2 vols.

42 Este humanista italiano, que vivió entre los años 1364 y 1437, destacó como copista, corrector de textos clásicos y coleccionista de manuscritos que constituyen la base de la Biblioteca Laurenciana de Florencia. Su biblioteca de manuscritos griegos solo era superada por la de Cósimo de Medici. Véase B. L. Ullman, Ph. A. Stadler, *The Public Library of Renaissance Florence: Niccolo Niccoli, Cosimo de' Medici and the Library of San Marco*, Padua, Editrice Antenore, 1972

43 Se trata de humanistas del primer renacimiento italiano que se destacaron la mayoría de ellos como profesores de griego o traductores de textos clásicos griegos al latín.

44 Al profesor y erudito griego Demetrio Calcondilas (o Calcocondilas) (1423-1511), que emigró a Italia ya en 1447, le debemos una de las más influyentes gramáticas destinadas al aprendizaje del griego clásico en Italia, sus *Erotemata*, Milán, Udalricus Scinzenzeler, 1493, y las *editiones principes* de las obras de Homero ([Florencia], impens. Bernardi et Nerii Nerlii, 1499) e Isócrates (Milán, Uldericus Scinzenzeler 1493). Véase P. Botley, *Learning Greek in Western Europe, 1396-1525. Grammars, lexica, and classroom texts*, Filadelfia, American Philosophical Society, 2010, p. 18, 34-36.

45 La Serenísima República de Venecia (o *Serenisima Repùblega de Venèsia*, en véneto) fue una ciudad-Estado del Norte de Italia, con capital en Venecia. Existió como estado independiente desde el siglo IX hasta 1797. Es denominada también Serenísima República de San Marcos.

46 Se trata de *Aristophanis Comoediae novem*, Venecia, apud Aldum Manutium, 1498 (ISTC ia00958000), que es la *editio princeps* de nueve de las comedias del poeta cómico ateniense.

47 Fue un destacado humanista y profesor de retórica en Venecia y Padua que vivió entre 1450 y 1520.

48 Vivió entre los años 347 y 407 y destacó entre los Padres de la iglesia por su capacidad oratoria ('Crisóstomo' significa etimológicamente «el del pico de oro») y por su denuncia de los abusos de las autoridades bizantinas y la vida licenciosa del clero.

49 Padre de la iglesia que vivió entre aproximadamente 335 y 394 y es autor de numerosos tratados de teología.

50 Está publicada en É. Legrand, *Bibliographie hellénique*, París, Ernest Leroux, 1885, I, p. 31-38. La copia encuadernada en el ejemplar Vélins 1060 de la Biblioteca nacional de Francia, que pertenece en realidad a otro volumen, contiene adiciones marginales en latín que merecen ser estudiadas. Por otra parte, la sección dedicada a la descripción del alfabeto griego ([*Et*] ἄλφα *primum... de reliquis etiam coniectari licet*) fue

incluida después con el título de *De veris Graecarum litterarum apud antiquissimos formis et causis* en un volumen conjunto: *Alphabetum Graecum tribus partibus distinctum*, París, Jean Loys et Jean de Roigny, 1536. Se custodian ejemplares en las bibliotecas del Trinity College de Cambridge (III.13.15[2]), Bodleian de Oxford (8° Z 31[6] Th.Seld. y Mar. 338 [3]), Pembroke College en Oxford (4.b.7[1]) y la Biblioteca municipal de Amiens (BL 147A) (véase *Inventaire chronologique des éditions parisiennes du 16ème siècle d'après les manuscrits de Philippe Renouard. Tome 5, 1536-1540*, París, Musées, 2004, p. 59). Después fue varias veces reimpreso, al menos en 1548, 1550 y 1580, siempre en París en la imprenta de Robertus Stephanus (1503-1559) o sus herederos. La epístola dedicatoria, una vez separada de la edición de la *Antología Planudea*, aparece a veces citada como si se tratase de una obra independiente editada en 1494 (véase J. Iriarte, *Regiae Bibliothecae Matritensis codices Graeci manuscripti*, Matriti, e typographia Antonii Perez de Soto, 1769, p. 179, G. de Andrés, *Catálogo de los códices griegos de la Biblioteca Nacional*, Madrid, Ministerio de Cultura, 1986, p. 235 y P. Caballero López, «Il Madrid, Biblioteca Nacional Mss/4683: il codice e i suoi scoliasti», *Medioevo Greco* 13, 2013, p. 4 n. 13).

51   Para el papel de Musuro en la transmisión de los epigramas griegos, véase G. Galán Vioque, «Marcus Musurus and the Transmission of Greek Epigrams», *MD* 91, 2023, p. 149-165. En un artículo todavía inédito, a partir de un descubrimiento de G. Galán Vioque, «Fulvio Orsini y la *Appendix Barberino-Vaticana*», *Emerita* 91, 2023, p. 281 (véase también «Notas sobre las anotaciones manuscritas en un ejemplar de la primera edición aldina de la *Antología Planudea* (1503)», *Athenaeum* [en prensa]), A. Borriello cuestiona que el manuscrito palatino pasase por las manos de Lattanzio Tolomei y Musuro (véase «"Tramiti ancora misteriosi". Il codice Heid. Pal. gr. 23 dell'*Anthologia Palatina* nel cinquecento» [en prensa] [desde aquí agradezco a su autora que me haya facilitado la consulta de su trabajo]).

52   Para la estancia de Erasmo en Padua, véase P. del Negro, «Erasmo da Rotterdam all' Università di Padova (1508)», *Quaderni per la storia dell'Università di Padova* 22, 1999, p. 133-144 y G. Moro, «*Interdum cogito Patavium*. Erasmo e Padova», *Bruniana & Campanelliana* 19, 2013, p. 355-364.

53   Los *Adagia* eran una colección de 800 proverbios griegos y latinos que fue publicada por primera vez en París en 1500 con el título de *Collectanea Adagiorum*, y que fue aumentando el número de entradas hasta alcanzar, tras nueve reediciones, 4,151 proverbios en su edición de 1536. Durante su estancia en Venecia, Erasmo publicó una segunda edición en la imprenta de Aldo Manucio en 1508 con más de 3.000 proverbios con el título de *Adagiorum chiliades tres*. Para la presencia de los epigramas griegos en los *Adagia* de Erasmo, véase «Gli epigrammi dell'*Anthologia Graeca* negli *Adagia* di Erasmo», *Lexis* 25, 2007, p. 399-430.

54   El cardenal Besarión (1403-1472) fue un erudito bizantino que logró reunir una gran biblioteca de manuscritos griegos que a su muerte

fueron donados a la república de Venecia y que actualmente forman parte del fondo de la Biblioteca Marciana. Véase L. Labowsky, *Bessarion's Library and the Biblioteca Marciana: Six Early Inventories*, Roma, Edizioni di storia e letterature, 1979.

55 Tomás Moro (1478-1535) fue un jurista, filósofo, y teólogo inglés, cuya obra más conocida es *Utopía*. Fue autor además una colección de epigramas en latín que pueden leerse en castellano en C. Cabrillana, *Santo Tomás Moro, Epigramas*, Madrid, Editorial Rialp, 2012. El *Elogio de la locura* de Erasmo se imprimió por primera vez en París en las prensas de Gilles de Gourmont en 1511 y está considerado como una de las obras más influyentes de la literatura occidental.

56 Humanista inglés que vivió entre 1468 y 1522 al que se le atribuye ser el primero que enseñó griego en Inglaterra. Fue autor de la gramática latina más utilizada en su país, pues su *Brevissima Institutio*, reeditada después como *Rudimenta Grammatices* en Londres en 1534, fue el manual escogido por Enrique VIII para ser utilizado en las escuelas de todo el país, orden que estuvo vigente durante más de tres siglos.

57 Fue uno de los colaboradores que fueron convocados por Giambattista Opizoni (*circa* 1485-1532) para la edición de las obras completas de Galeno que aparecieron en cinco volúmenes: *Claudii Galeni Opera omnia*, Venecia, in aedibus Aldi et Andreae Asulani soceri, 1525, 5 vols. En concreto, fue el responsable de los comentarios al tratado *Sobre las epidemias* de Hipócrates.

58 Se trata de los epigramas *AP* VIII 24 al 74.

59 Se hace referencia a su *Quinti Horatii Flacci Poemata, scholiis et argumentis illustrata*, París, ex officina Robert Estienne, 1549.

60 Existe una edición, con traducción castellana de J. M. Egea Sánchez, *Paulo el Silenciario Un poeta de la corte de Justiniano*, Granada, Centro de Estudios Bizantinos Neogriegos y Chipriotas, 2007.

61 En español el libro quinto de la *Antología* puede leerse en la traducción de M. Á. Márquez Guerrero en G. Galán Vioque, M. Márquez Guerrero, *Epigramas eróticos griegos (libros V y XII)*, Madrid, Alianza editorial, 2023² (= 2001 ed. rev.).

62 Se trata de su *Florilegium diversorum epigrammatum veterum*, Ginebra, Henricus Stephanus, 1566, que se convirtió sin duda en la edición estándar. El epigrama-adivinanza que se cita a continuación se testimonia en la p. 535.

63 Véase *Florilegium diversorum epigrammatum veterum...*, f. ffii.

64 Vivió entre 1538-1578 y, además de su labor como primer editor de las *Dionisíacas* de Nono de Panópolis (*Nonni Panopolitae Dionysiaca*, Amberes, ex officina Christophori Plantini, 1569), son muy interesantes sus anotaciones marginales a textos clásicos. Véase, por ejemplo, para el caso de Homero, T. Demetriou, «The Homeric Question in the Sixteenth Century: Early Modern Scholarship and the Text of Homer», *Renaissance Quarterly* 68, 2015, p. 496-557.

65 Véase G. Mercati, *Opere minori*, Ciudad del Vaticano, BAV, 1937, IV, p. 312.

66 Vivió entre 1536 y 1596 y es autor de numerosas ediciones de autores clásicos, entre los que destacan varios tratados de Aristóteles, las obras completas de Dionisio de Halicarnaso y el *Etymologicum magnum*, que es un léxico bizantino anónimo del siglo XII.

67 De hecho, se le considera el humanista francés más importante de todos los tiempos y el responsable de que los estudios helénicos se asentasen en Francia, en gran medida huyendo de la inestabilidad política de los estados italianos de la época. Vivió entre 1467 y 1540.

68 Para uno de estos catálogos, véase F. Sylburg, *Catalogus librorum Graecorum manuscriptorum Bibliotecae Palatinae* (Heidelberg, *circa* 1589) (*Vaticanus Palatinus* lat. 429bis). Está disponible en línea en < https://digi.vatlib.it-heidelberg.de/diglit/bav_pal_lat_429bis/0001/image,info >.

69 Editó sus obras completas con traducción latina: *Dionysii Halicarnassei scripta quae exstant, omnia, et historica, et rhetorica, opera & studio Friderici Sylburgii*, Frankfurt, apud Andreae Wecheli, 1586.

70 Se custodia hoy día en la biblioteca de la Universidad de Heidelberg con signatura Cod. Heid. 370, 51 y está disponible en línea en <https://digi.ub.uni-heidelberg.de/diglit/anthologia_graeca1521>.

71 Sobre la selección que hizo Planudes de los epigramas eróticos, véanse R. González Delgado, «Planudes y el Libro XII de la *Antología Palatina*», *Argos* 35, 2012, p. 47-67 y L. Floridi, «Interventi censori nell' *Anthologia Planudea*», *Byzantinische Zeitschrift* 114, 2021, p. 1079–1116.

72 Llegó a ser *Regius Professor* de griego vinculado al Trinity College de la Universidad de Cambridge, college del que fue director durante más de 42 años no exentos de polémica. Editó a numerosos autores griegos y latinos e incluso algunos clásicos ingleses como el *Paraíso perdido* de John Milton (Londres, Jacob Tonson y John Poulson, 1732). Véase K. Haugen, *Richard Bentley: Poetry and Enlightenment*, Cambridge, MA y Londres, Harvard University Press, 2011.

73 Vivió entre 1539 y 1602 y, además de poeta y especialista en la poesía amatoria latina, se le considera el introductor del soneto y la terza rima en la literatura alemana (véase F. Kimmich, «Sonnets before Opitz: The Evolution of a Form», *The German Quarterly* 49, 1976, 456-471).

74 Se trata de un filólogo alemán que vivió entre 1570 y 1610 y editó, entre otros autores, a Heródoto en Frankfurt en 1608 junto con la traducción latina de Lorenzo Valla. A él se le atribuye la división en capítulos de las *Historias* de Heródoto todavía en uso.

75 Su padre, Julio César Escalígero (1484-1558), fue un famoso médico, filósofo, botánico y humanista italiano. Por su parte, José Justo Escalígero (1540-1609) fue un humanista francés que mantuvo una intensa correspondencia con los grandes eruditos de su época (véase Paul Botley y Dirk van Miert [eds.], *The Correspondence of Joseph Justus Scaliger*, Ginebra, Librairie Droz, 2012, 8 vols.) y que, tras residir en diferentes países europeos como Italia, Francia y Suiza, se instaló como investigador sin obligaciones docentes en Leiden en 1593. A su muerte

donó su inmensa biblioteca, que incluía manuscritos originales, primeras ediciones y libros antiguos anotados, a la Universidad de Leiden.

76 Véase Paul Botley y Dirk van Miert (eds.), *The Correspondence of Joseph Justus Scaliger*, Ginebra, Librairie Droz, 2012, VII, p. 70.

77 Se conservan, además, dos ejemplares de la edición de Stephanus ([Ginebra], 1566) con notas de Escalígero a los epigramas de la *Antología Planudea*, uno en la Universidad de Leiden (UL 756 D 9) y otro, que perteneció al religioso y erudito francés Pierre Daniel Huet (1630-1721), en la Biblioteca nacional de Francia (Rés. YB 355).

78 Daniel Heinsius (1580-1655) editó las obras completas de Ovidio en tres volúmenes en 1629 (*Publii Ovidii Nasonis Opera omnia*, Leiden, ex officina Elzeviriana, 1629, 3 vols. [volvió a sacar otra edición en 1634, está vez en la imprenta de Jan Janssonius en Ámsterdam]) y uno de los primeros trabajos filológicos de Daniel Heinsius fue la edición de cinco tratados filosóficos de Séneca en Leiden en la imprenta de Raphelengius en 1599. Se le considera impulsor de la difusión del teatro de Séneca en los Países Bajos a comienzos del siglo XVII y escribió una tragedia inspirada en su estilo, *Auriacus, sive Libertas saucia* (1602), dedicada al príncipe Guillermo de Orange (hay una reedición reciente con traducción al inglés: J. Bloemendal, *Daniel Heinsius, Auriacus, sive libertas saucia (Orange, or liberty wounded), 1602*, Leiden, Brill, 2020). Fue además muy prolífico en la edición de autores clásicos, pues publicó ediciones de, entre otros, Hesíodo (1603), los *Idilios* de Teócrito, Bión y Mosco (1603), el *Ars poetica* de Aristóteles (1610), las obras completas de Clemente de Alejandría (1616) y las comedias de Terencio (1618).

79 Se localiza con el nº 170 en la actual Biblioteca nacional de Rusia en San Petersburgo, que alberga la mayor colección de manuscritos griegos de toda Rusia, con cerca de cien códices (véase I. N. Lebedev, ed., *Catalogue of Greek Manuscripts of the National Library of Russia*, St. Petersburgo, National Library of Russia, 2014, p. 98 [en ruso]).

80 Vivió entre 1549 y 1622 y es el responsable del denominado *Corpus iuris civilis*, Ginebra, excudebat Iacobus Stoer, 1583, que se considera la primera compilación del Derecho romano. Llegó a ser Decano de la Facultad de Derecho de la Universidad de Heidelberg.

81 Vivió entre Francia e Inglaterra entre 1559 y 1614 y se le consideraba el humanista más culto de su época (véase M. Pattison, *Isaac Casaubon, 1559-1614*, Cambridge, Cambridge University Press, 2011).

82 En la biblioteca de Heidelberg hacia 1608 colacionó los manuscritos *Vaticani Palatini* gr. 57 y 253 que entonces se encontraban en la Biblioteca Palatina y son los testimonios más antiguos de esta obra (ambos son del último tercio del siglo XV). Ambas colaciones fueron utilizadas póstumamente para la edición de Abrahamus Berkelius (ed.), *Stephani Byzantini Gentilia per epitomen, antehac De urbibus inscripta*, Leiden, apud Danielem à Gaesbeeck, 1688.

83 En Heidelberg Saumaise colacionó el manuscrito *Heidelbergensis Palatinus* gr. 43 (s. XIV) con muchos errores y alguna laguna (véase M.

Marcovich, *Theodori Prodromi De Rhodanthes et Dosiclis amoribus libri IX*, Stuttgart y Leipzig, B. G. Teubner, 1992, p. VI).

84   Lo editó en 1609: *Lucii Annaei Flori Rerum rom. libri IV, cum notis Jani Gruteri. Nunc primum accesserunt notae et castigationes Claudii Salmasii*, [Heidelberg], In bibliopolio Commeliniano, 1609. Se reeditó casi treinta años después con pocas modificaciones, pero añadiendo la *editio princeps* del *Liber memorialis* de Lucio Ampelio (p. 291-336) (*L. Annaeus Florus. Cl. Salmasius addidit Lucium Ampelium et cod. M. S. nunquam antehac editum*, Leiden, apud Elzevirios, 1638), para la que utilizó una copia de un manuscrito del siglo X hoy perdido que encontró en Dijon (la copia, transcrita por él mismo, se custodia hoy día en la *Bayerische Staatsbibliothek* de Múnich con signatura Clm 10383 a) (véase L. D. Reynolds [ed.], *Texts and Transmission. A Survey of the Latin Classics*, Oxford, Clarendon, 1983, p. 8).

85   Se trata de un latinista y alto magistrado francés que vivió entre 1553 y 1617. Llegó a poseer una gran biblioteca, en gran parte heredada de su padre Christophe de Thou (1508-1582). Un gran número de sus manuscritos, tras pasar por varias manos, acabaron en la Biblioteca nacional de Francia.

86   Se trata de su *Historiae Augustae scriptores VI*, París, [Hierosme Drovart], 1620, que incluye las anotaciones de su maestro Casaubon.

87   Se trata de un erudito de la Borgoña francesa que vivió entre 1542 y 1625 y que mantuvo correspondencia frecuente con otros eruditos de su época, como el propio Saumaise o Casaubon.

88   Henri Valois (1603-1676) fue un filólogo clásico que se interesó especialmente por los historiadores, tanto griegos, como latinos. Editó, entre otras obras, una rica selección de fragmentos inéditos de varios historiadores griegos que encontró en el manuscrito *Turonensis* 980 que contiene el tratado *Sobre la virtud y el vicio* del emperador bizantino Constantino Porfirogénito (905-959) (*Polybii, Diodori Siculi, Nicolai Damasceni, Dionysii Halicar., Appiani Alexand., Dionis et Ioannis Antiocheni excerpta ex collectaneis Constantini Augusti Porphyrogenetae*, París, sumptibus Mathurini du Puis, 1634) y las *Historias* de Amiano Marcelino (*Ammiani Marcellini rerum gestarum libri XVIII*, París, apud Iaonnem Camusat, 1636). Por su parte, Ezechiel Spanheim (1629-1710) fue un relevante diplomático y erudito suizo que destacó especialmente como estudioso de las monedas del mundo antiguo.

89   Vivió entre 1559 y 1632 y se le considera uno de los mejores estrategas militares de la historia. Junto con Albrecht von Wallenstein (1583-1634), duque de Friedland y de Mecklemburgo, dirigió el ejército del Sacro Imperio Romano Germánico durante la Guerra de los treinta años.

90   Leo Allacci (1586-1669) (o León Alacio) fue un griego emigrado a Italia que llegó a ser bibliotecario del Vaticano. Sobre su vida, véase K. Hartnup, *On the Beliefs of the Greeks. Leo Allatios and Popular Orthodoxy*, Leiden, Brill, 2004 (especialmente el capítulo 3: «Leo Allatios: his Life and Influences», p. 53-84).

91 El cónclave tras la muerte del papa Gregorio XV, que concluyó con la elección de Urbano VIII, tuvo lugar entre el 19 de julio y el 6 de agosto de 1623.

92 Se trata del actual *Vaticanus Palatinus* gr. 418. Está disponible en <https://digi.vatlib.it/view/MSS_Pal.gr.418>.

93 Vivió entre 1583 y 1626 y fue un anticuario y helenista italiano de origen griego. Además de alguna edición de autores clásicos, escribió poesía en griego y en latín y algún tratado original en latín.

94 Vivió entre 1588 y 1652 y fue un eclesiástico, historiador y bibliotecario que desempeñó cargos relevantes en la curia romana.

95 Emmanuel Schelstrate (1649–1692) fue un teólogo católico nacido en Bélgica que fue designado prefecto de la Biblioteca Apostólica Vaticana durante el papado de Inocencio IX (1519-1591). Durante unos años en el Vaticano los *scriptores* Giuseppe de Iuliis y Giuseppe de Camillis compilaron un inventario de los manuscritos griegos palatinos que se conserva hoy con signatura *Vaticanus* gr. 2521 (véase H. M. Stevenson, *Codices manuscripti Palatini Graeci Bibliothecae Vaticanae*, Roma, ex Typographeo Vaticano, 1885, p. XXXIII, J. Bignami Odier, *La Bibliothèque Vaticane de Sixte IV a Pie XI. Recherches sur l'histoire des collections de manuscrits*, Ciudad del Vaticano, BAV, 1973, p. 125, n. 92, 144 y 333, P. Canart, *Les Vaticani graeci 1487–1962: notes et documents pour l'histoire d'un fonds de manuscrits de la Bibliothèque Vaticane*, Ciudad del Vaticano, BAV, 1979, p. 106 n. 123, S. Lilla, *I manoscritti vaticani greci: lineamenti di una storia del fondo*, Ciudad del Vaticano, BAV, 2004, p. 119).

96 Domenico Fontana (1543 - 1607) fue un arquitecto italiano del último Renacimiento, que trabajó en Roma y en Nápoles y colaboró intensamente con el Papa Sixto V en su proyectada reforma urbana de Roma, siendo el responsable de la loggia de San Juan de Letrán y del palacio de Letrán, y de la erección de varios de los obeliscos que hoy día adornan diversas plazas romanas (véase S. Benedetti, *L'architettura di Domenico Fontana*, en M. Fagiolo, M. L. Madonna, *Sisto V, vol. I: Roma e il Lazio*, Roma, Istituto poligráfico e zecca dello stato, 1992, p. 395-417 y P. C. Verde, *Domenico Fontana, il segno dell'arte*, Nápoles, Electa Napoli, 2007; hay incluso un interesante documental sobre sus obras: Adriano Kestenholz, *Domenico Fontana: ingegnere, architetto, urbanista*, Aleph film/RTSI, 2007).

97 Se trata del manuscrito *Vaticanus* lat. 3225. Rafael Sanzio (1483-1520) y miembros de su círculo realizaron grabados inspirándose en sus miniaturas (véase J. de Wit, *Die Miniaturen des Vergilius Vaticanus*, Ámsterdam, Swets & Zetlinger, 1959, p. 10-11, I. H. Shoemaker, E. Broun, *The Engravings of Marcantonio Raimondi*, Lawrence [Kan.], Helen Foresman Spencer Museum of Art, 1981, p. 118-119, no. 3 y C. Lord, «Raphael, Marcantonio Raimondi, and Virgil», *Notes in the History of Art* 3, 1984, p. 27 y 29).

98 Fulvio Orsini (1529-1600) fue un célebre humanista italiano y bibliotecario del Vaticano que llegó a poseer una impresionante biblioteca que

en su mayor parte descansa hoy en el Vaticano (véase P. de Nolhac, *La Bibliothèque de Fulvio Orsini. contributions à l'histoire des collections d' Italie et a l'étude de la Renaissance*, París, F. Vieweg, 1887).

99   Véase nota en f. 1: *Claudius Puteanus Fulvio Ursino D<ono> D<edit>*. Se trata del manuscrito *Vaticanus* lat. 3256, que contiene fragmentos del libro primero de las *Geórgicas* (está disponible en <https://digi.vatlib. it/view/MSS_Vat.lat.3256>). Véase O. N. Salgado, «France and the Transmission of Latin Manuscripts», en G. Sandy (ed.), *The Classical Heritage in France*, Leiden, Brill, 2002, p. 34-38. Se conservan otros tres folios en la *Staatsbibliothek* de Berlín (*Berolinensis* lat. F. 416) que pertenecieron al humanista Pierre Pitheu (1539-1596). Según parece, el monje e historiador francés Jean Mabillon (1632-1707) pudo ver un octavo folio con versos del libro IV de la *Eneida* en Francia del que actualmente no se tiene noticia (véase su *De re diplomatica*, París, sumptibus Caroli Robustel ..., 1709[2], p. 635 y 637). Hay una edición facsímil completa: C. Nordenfalk (ed.), *Vollständig faksimile-ausgabe im originalformat: Codex Vaticanus latinus 3256 der Biblioteca Apostolica Vaticana und Codex latinus 416 der Staatsbibliothek Preussischer Kulturbesitz*, Graz, Akademische Druck-u. Verlagsanstalt, 1976. Claude Dupuy (1545–1594) fue un jurista parisino, humanista y bibliófilo, cuya biblioteca, rica en manuscritos y primeras ediciones, se custodia hoy día en su mayoría en la Biblioteca nacional de Francia.

100   Se trata del manuscrito *Vaticanus* lat. 3867. Está disponible en https:// digi.vatlib.it/view/MSS_Vat.lat.3867>.

101   *Vaticanus* lat. 3868 (<https://digi.vatlib.it/view/MSS_Vat.lat.3868>). Existe una reciente edición facsímil: E. König y D. Röschen (eds.), *Terenz: Alle Komödien*, Zúrich, Belser Verlag, 2019. Para el nombre del copista, véase f. 92: *Hrodgarius scripsit*. La abadía de Corbie albergaba uno de los *scriptoria* más fecundos de la Edad Media y una importante biblioteca (véase L. Delisle, *Bibliothèque de l'École des Chartes* 1, 1860, p. 393-434 y 498-515, L. W. Jones, «The *Scriptorium* at Corbie: I. The Library», *Speculum* 22, 1947, p. 191-204 y su «The *Scriptorium* at Corbie: II. The Script and the Problems», *Speculum* 22, 1947, p. 375-394).

102   Se trata de la edición de Janus Láscaris, *Anthologia epigrammatum graecorum Planudis rhetoris*, Florencia, per Laurentium Francisci de Alopa, 1494 (ISTC ia00765000).

103   Se trata de las ediciones *Florilegium diversorum epigrammatum in septem libros*, Venecia, apud Aldum Manutium, 1503, en la que Aldo incluye un apéndice final (Ἐπιδιόρθωσις) con correcciones al texto de la edición y algunos epigramas que se habían omitido (ff. MMvii^v-NNix^v y *Florilegium diversorum epigrammatum in septem libros*, Venecia, in aedibus Aldi et Andreae Soceri, 1521, editada ya por los herederos de Aldo y en la que se incluyeron la mayoría de las sugerencias del impresor veneciano en el apéndice de la edición precedente (véase G. Galán Vioque, «Marcus Musurus and the Transmission of Greek Epigrams», *MD* 91, 2023, p. 154).

104 Se trata de Andrea Torresani (1451-1528), quien se hizo cargo de la imprenta durante la minoría de edad del hijo de Aldo Pablo Manucio (1512–1574). Este asumió la dirección de la imprenta a partir de 1533.

105 Se trata de *Florilegium diversorum epigrammatum in septem libros*, Florencia, per hęredes Philippi Iuntæ, 1519. Sobre estos famosos impresores, véase W. A. Pettas, *The Giunti of Florence: a Renaissance printing and publishing family: a history of the Florentine firm and a catalogue of the editions*, New Castle, DE, Oak Knoll Press, 2013 y para su rivalidad con la imprenta de Aldo, véase M. Lowry, *The World of Aldus Manutius: Business and Scholarship in Renaissance Venice*, Oxford, Basil Blackwell, 1979, p. 156-158 y K. M. MacDonald, «Selling Lives: The Publisher Bernardo di Giunta (fl. 1518-50), Imitation and the Utility of Intellectual Biography», *Renaissance and Reformation* 25, 2001, p. 5-6.

106 *Florilegium diversorum epigrammatum in septem libros*, [París], vaenundatur Badio, 1531.

107 *Epigrammatum Graecorum, Libri VII, annotationibus Joanni Brodaei Turonensis illustrati, quibus additus est in calce operis rerum ac vocum explicatarum Index*, Basilea, Froben, 1549.

108 *Florilegium diversorum epigrammatum veterum, in septem libros divisum*, Venecia, Petrus et Joan Maria Nicolini, 1550. Ese mismo año los herederos de Aldo sacaron una última reimpresión: *Florilegium diversorum epigrammatum in septem libros*, Venecia, apud Aldum, 1550.

109 Lucas Langermann (1625-1686) fue un epigrafista y abogado alemán que llegó a ser decano de la Catedral de Hamburgo.

110 Jacques Philippe d'Orville (1696-1751) fue un profesor de retórica de la Universidad de Ámsterdam que, como era habitual en su época, realizó en su juventud un viaje de estudios por Italia (*Grand Tour*) (véase G. Galán Vioque, «Jacques Philippe d'Orville en Turín», *Maia* 67, 2015, p. 167-180 y «Jacques Philippe d'Orville's *Grand Tour*: a European trip in search of libraries, manuscripts, and ancient books», *Athenaeum* 109, 2021, p. 167-208), durante el cual logró reunir una importante biblioteca que en su mayoría acabó formando parte de la Bodleian library de la Universidad de Oxford (véase G. Galán Vioque, «The Lost Library of Jacques Philippe d'Orville. The Missing Manuscripts and Annotated Books of the D'Orville Collection», *Quaerendo. A Journal devoted to manuscripts and printed books* 47, 2017, p. 132-170).

111 Lucas Holste o Holtenius (1596-1661) fue un humanista, geógrafo e historiador alemán. Durante su estancia en Roma, desde 1627 hasta su muerte, fue bibliotecario del cardenal Francesco Barberini y después del Vaticano, si bien la mayor parte de su biblioteca personal acabó en la Biblioteca Angelica de Roma (véase A. Serrai, *La biblioteca di Lucas Holstenius*, Udine, Editrice Univ. Udinese, 2000 y P. Rietbergen, *Power and Religion in Baroque Rome. Barberini Cultural Policies*, Leiden, Brill, 2006, p. 256-295).

112 Para su controvertida relación con su maestro Saumaise, véase D. van Miert, «Joseph Scaliger, Claude Saumaise, Isaac Casaubon and the Discovery of the '*Palatine Anthology*'», *Journal of the Warburg and*

Courtauld Institutes 74, 2011, p. 260 n. 85, y su «The French Connection: from Casaubon and Scaliger, via Saumaise, to Isaac Vossius», en E. Jorink y D. van Miert, *Isaac Vossius (1618-1689) between Science and Scholarship*, Leiden, Brill, 2012, p. 15-43.

113 Su edición es J. P. D'Orville, *Charitonis Aphrodisiensis De Chaerea et Callirrhoe Amatoriarum Narrationum Libri VIII*, Ámsterdam, Pierre Mortier, 1750 (con comentario del editor y traducción latina de J. J. Reiske).

114 Véase *Animadversiones*, p. 24-25. En el verso 2 ἀθανάτοις «a los inmortales» es una conjetura de J. Toup aceptada unánimemente para subsanar una laguna que en el manuscrito palatino se pospone erróneamente al final del pentámetro (véáse *Emendationes in Suidam et Hesychium: et alios lexicographos Graecos*, Oxford, e Typographeo Clarendoniano, 1790, II, p. 546 n. †). D'Orville propuso οἰνοχόος «copero», citando numerosos pasajes con una paranomasia similar (en este caso sería οἰνοχόος οἰνοχοεῖ). Este epigrama se testimonia en un apéndice de epigramas encuadernado en un ejemplar de la primera aldina (1503) custodiado en la Staats- und Stadtbibliothek de Augsburgo con signatura LG 98 (f. 280v) (está disponible en línea en https://www.digitale-sammlungen.de/de/view/bsb11263333?page=1). Allí aparece atribuido a Meleagro (τοῦ αὐτοῦ) y se ofrece una reconstrucción peculiar, para la que véase G. Galán Vioque, «Fulvio Orsini y la *Appendix Barberino-Vaticana*», *Emerita* 91, 2023, p. 289.

115 Se trata de *Lucae Holstenii notae et castigationes postumae in Stephani Byzantii Ethnica*, Leiden, apud Jacobum Hackium, 1684. La *editio princeps* de la obra de Esteban de Bizancio apareció a comienzos del siglo XVI en la imprenta de Aldo Manucio: *Stephani Byzantii De urbibus*, Venecia, apud Aldum Romanum, 1502. Recientemente se ha culminado una edición completa: M. Billerbeck, *et alii*, *Stephani Byzantii Ethnica*, Berlín, de Gruyter, 2006-2017, 5 vols.

116 Federico de Montefeltro (1422-1482), duque de Urbino, promovió la creación de una biblioteca en Urbino que llegó a ser la segunda de Italia tras la Vaticana. Sus fondos fueron adquiridos en 1657 por el papa Alejandro VII (1599-1667) por 10.000 ducados (véase B. Roeck, A. Tonnesmann, *Federico da Montefeltro. Arte, stato e mestiere delle armi*, Turín, Giulio Einaudi Editore, 2009).

117 Sobre la excéntrica vida de la reina Cristina de Suecia (1626-1689), véase V. Buckley, *Christina, Queen of Sweden: the restless life of a European eccentric*, Nueva York, Harper Collins, 2004.

118 Véase G. Salvo Cozzo, *I codici Capponiani della Biblioteca Vaticana*, Roma: Tipografia Vaticana, 1897, p. XVIII n. 24 y F. D'Aiuto y P. Vian, *Guida ai fondi manoscritti, numismatici, a stampa della Biblioteca Vaticana*, Ciudad del Vaticano, Biblioteca Apostolica Vaticana, 2011, I, pp. 397-400. Véanse también el *Catalogo della libreria Capponi o sia de' libri italiani del fù Marchese Alessandro Gregorio Capponi, con ampie note critiche attribuite a mons. D. Giorni e al padre A. P. Berti*, Roma, appresso il Bernabò, e Lazzarini, 1747; M. P. Donato, «Un collezionista

nella Roma del primo Settecento: Alessandro Gregorio Capponi», *Eutopia* 2.1 (1993), pp. 91-102, y su «Il vizio virtuoso collezionismo e mercato a Roma nella prime metà del settecento», *Quaderni storici* 115 (2004), p. 139-60, M. G. Critelli, «Acquisizioni di manoscritti latini nel secolo XVIII», en B. Jatta (ed.), *Storia della Biblioteca Apostolica Vaticana. Vol. IV: La Biblioteca Vaticana e le arti nel secolo dei Lumi (1700-97)*, Ciudad del Vaticano, Biblioteca Apostólica Vaticana, 2016, p. 240-241 y M. Ceresa y R. Vincenti, «Gli stampati della Vaticana nel XVIII secolo», en *Storia della Biblioteca Apostolica Vaticana*, IV, p. 352-358. Sobre los *incunabula* de esta colección, véanse L. Lalli, «Gli incunaboli del marchese Alessandro Gregorio Capponi», en *Storia della Biblioteca Apostolica Vaticana*, IV, p. 354-7 y G. Galán Vioque, «Kidnapped Books in Paris: The Vatican Volumes in the Bibliothèque nationale de France», *Quaerendo* 55, 2025, p. 202 n. 20.

119 Los Ottoboni fueron una familia aristocrática de Venecia que destacó en Roma en el siglo XVII, especialmente gracias al papado de Alejandro VIII (Pietro Ottoboni [1610-1691]) y su sobrino el cardenal homónimo Pietro Ottoboni (1667-1740). Véase J. Bignami Odier, *Premières recherches sur le fonds Ottoboni*, Ciudad del Vaticano, BAV, 1966. Sobre estas colecciones, véase, en general, F. D'Aiuto, P. Vian, *Guida ai fondi manoscritti, numismatici, a stampa della Biblioteca Vaticana*, Ciudad del Vaticano, BAV, 2011.

120 Está disponible en <https://handschriftenportal.de/search?hspobjectid=HSP-84c327d0-2c5a-31c7-8d9a-8d4e0aa09eaf>. Es copia de *Leidensis* BPG 34B (véase R. Aubreton, «La tradition de l'*Anthologie Palatine* du XVIe au XVIIIe siècle», *Revue de Historie des Textes* 10, 1980, p. 24-27).

121 Véase J. J. Reiske, «*Anthologia Graeca nunc primum e codice manuscripto edita*», *Miscellanea Lipsiensia noua* 9, 1752, p. 80-148, 297-323, 434-481 y 565-697 (está disponible en <https://books.google.es/books?id=kJQEAAAAQAAJ&printsec=frontcover&hl=es&source=gbs_ge_summary_r&cad=0#v=onepage&q&f=false>) y J. J. Reiske, *Anthologiae Graecae a Constantino Cephala conditae libri tres*, Lipsiae, Gleditsch, 1754 (está disponible en <https://books.google.com.gt/books?id=RA8XAAAAYAAJ&printsec=frontcover#v=onepage&q&f=false>).

122 Junto a Albert Schultens (1686-1750), J. J. Reiske fue uno de los responsables del florecimiento de los estudios árabes en los Países Bajos durante el siglo XVIII. En 1788 publicó una traducción al latín de la obra *Mujtaṣar tārij al-bašar*, de Abū l-Fidā' (1273-1331), príncipe sirio, historiador, poeta y geógrafo, de la familia de los ayyubíes: *Abilfedae annales moslemici latinos ex arabicis fecit Io. Iacobus Reiske*, Leipzig, apud Christ. Golttl. Hilscherum, 1778 (véase M.ª L. Ávila, *et alii* [eds.], *Manuscritos Árabes y Fondo Antiguo de la Escuela de Estudios Árabes*, Granada, CSIC, 2007, p. 12 y 19 y, en general, G. Strohmaier, «Johann Jacob Reiske - Byzantinist und Arabist der Aufklärung», *Klio* 58, 1976, p. 199-209).

123 *Joannis Jensii Lucubrationes Hesychianae: Observata in stylo Homeri. Vetera epigrammata Graeca pro anecdotis prodeuntia*, Róterdam, typis Jani Danilis Beman, 1742, p. 307-354 (está disponible en <https://books.google.es/books?id=iRoUAAAAQAAJ&printsec=frontcover&hl=es&source=gbs_ge_summary_r&cad=0#v=onepage&q&f=false>).

124 Christian Adolf Klotz (1738-1771) fue un filólogo clásico y polemista alemán. Para su devoción por la poesía de Tasso, véase A. Aurnhammer, *Torquato Tasso in Deutschland. Seine Wirkung in Literatur, Kunst und Musik seit der Mitte des 18. Jahrhunderts*, Berlín-Nueva York, de Gruyter, 1995, p. 399-401.

125 Está disponible en <https://www.digitale-sammlungen.de/en/view/bsb10234257?page=,1>.

126 Se trata de J. J. Reiske, *Anthologiae Graecae a Constantino Cephala conditae libri tres*, Oxford, e Typographeo Clarendoniano, 1766 (está disponible en <https://books.google.es/books?id=8ogVAAAAQAAJ&printsec=frontcover&hl=es&source=gbs_ge_summary_r&cad=0#v=onepage&q&f=false>). El servicio de publicaciones de la Universidad de Oxford, uno de los más importantes y antiguos del mundo, empezó a ser conocido como *Typographeus Clarendonianus* o Clarendon Press a partir de su mudanza al Clarendon Building en Broad Street (Oxford) en 1713.

127 Karl Ferdinand Wilhelm (1735-1806) fue un príncipe soberano del Sacro imperio romano y soldado profesional, al tiempo que mecenas de la cultura de su época, siendo un buen ejemplo del despotismo ilustrado que surgió en Europa en la segunda mitad del siglo XVIII.

128 Se trata de la Herzog August Bibliothek o *Bibliotheca Augusta*. Fue fundada en 1572 por el duque Julio de Brunswick-Wolfenbüttel (véase Leo G. Linder, *Die Herzog August Bibliothek und Wolfenbüttel*, Braunschweig, Westermann, 1997).

129 Se trata de Johann Gottfried von Herder (1744-1803). El título original de la obra que se cita es *Zerstreute Anmerkungen über das Epigramm, und einige der vornehmsten Epigrammatisten* y apareció incluida en *Vermischten Schriften*, VII, p. 179-290 editado por Christian Friedrich Voß en Berlín en 1771.

130 Véase G. E. Lessing, *Sämmtliche Schriften*, Berlín, Voß, 1796, I, p. 163-181 (Catulo), p. 182-262 (Marcial) y p. 263-269 (*Carmina priapea*).

131 Se trata de *Anmerkungen über die Anthologie der Griechen, besonders über das Griechische Epigramm*, en *Zerstreute Blätter. Erste Sammlung*, Gotha, Carl Wilhelm Ettinger, 1785, p. 99–132.

132 El título original es *Analecta Veterum Poetarum Graecorum*, Estrasburgo, Sumptibus Bibliopolii academici, 1772-1776, 3 vols. Está disponible en <https://books.google.es/books?id=ErU-AAAAcAAJ&hl=es&source=gbs_similarbooks>.

133 La Guerra de los Siete Años tuvo lugar entre 1756 y 1763 y puede considerarse el primer conflicto global, pues los enfrentamientos tuvieron como escenario lugares de Europa, Asia, África y América.

134 Se trata de *Aristophanis comoediae*, Estrasburgo, sumptibus Joh. Georgii Treuttel, 1779, 6 vols., *Sophoclis Tragoediae septem et deperditarum fragmenta*, Estrasburgo, Sumptibus Joannis Georgii Treuttel, 1786, *Argonautica e scriptis octo veteribus libris quorum plerique nondum collati fuerant nunc primum emendate*, Estrasburgo, Bauer et Treuttel, 1780 (<https://babel.hathitrust.org/cgi/pt?id=hvd.hn25z8&seq=7>) y *Terentii comoediae ex rec. Brunckii*, Estrasburgo, sumptibus Jacobi Decker, 1797. Muchas de ellas han sido varias veces reeditadas.

135 Entre otros, utilizó el hoy manuscrito *Gottingensis* phil. 3 que fue copiado por J. G. Schneider en 1772 a petición de Brunck partiendo del manuscrito *Parisinus* suppl. gr. 557 [está disponible en línea en <https://gallica.bnf.fr/ark:/12148/btv1b11005072d>]) (véase J. Hutton, *The Greek Anthology in France and in the Latin Writers of the Netherlands to the Year 1800*, Ítaca (NY), Cornell University Press, 1946, p. 10 y 212 y R. Aubreton, «La tradition de l'*Anthologie Palatine* du XVIe au XVIIIe siècle», *Revue de Histoire des Textes* 10, 1981, p. 12 y 18-29.

136 Se suele datar hacia los años 100–80 a. C. y contenía poemas de cuarenta y seis epigramatistas (véase K. Gutzwiller, «The Poetics of Editing in Meleager's Garland», *TAPhA* 127, 1997, p. 169-200). En la *Antología Palatina* se nos han transmitido ciento treinta y dos epigramas suyos, siendo el mejor estudio de conjunto el incluido en A. S. F. Gow, D. L. Page, *The Greek Anthology: Hellenistic epigrams*, Cambridge, Cambridge University Press, 1965, I, p. 214-253 y II, p. 591-680. Una edición crítica, con traducción y comentario de todos sus epigramas está en preparación por parte de la profesora emérita de la Universidad de Cincinnati K. J. Gutzwiller.

137 Para estas diferentes tradiciones manuscritas, véanse los artículos póstumos de R. Aubreton, «La tradition de l'*Anthologie Palatine* du XVIe au XVIIIe siècle: la tradition germano-neérlandaise», *Revue d'histoire des textes* 10, 1980, p. 1-53 y «La tradition de l'*Anthologie Palatine* du XVIe au XVIIIe siècle: la tradition française», *Revue d'histoire des textes* 11, 1981, p. 1-46.

138 Esta comedia se estrenó en París en 1672 y hay acuerdo unánime en que en ella Molière caricaturizó al gramático y escritor Gilles Ménage (1613-1692) bajo los rasgos del pedante Vadius (véase especialmente acto III, escena III).

139 Véase nota manuscrita en el f. 5 escrita por el filólogo francés H. P. Simon de Val-Hébert (1741†). Está disponible en <https://gallica.bnf.fr/ark:/12148/btv1b520010295/f1.item.zoom>.

140 Su biblioteca llegó a tener aproximadamente 35.000 volúmenes (véase A. Ronsin, *La bibliothèque Bouhier. Histoire d'une collection formée du XVIe au XVIIIe siècle par une famille de magistrats bourguignons*, Dijon, Académie des sciences, arts et belles-lettres, 1972, p. 19).

141 Sobre la pérdida de este apógrafo, véase J. Hutton, *The Greek Anthology in France and in the Latin Writers of the Netherlands to the Year 1800*, Ítaca (NY), Cornell University Press, 1946, p. 524-525. No obstante, en las ediciones modernas el *apographon buherianum* suele iden-

tificarse bien con el manuscrito *Parisinus* Suppl. gr. 557 o con su copia el códice *Gottingensis* gr. 3 (véanse H. Beckby, *Anthologia Graeca*, Múnich, Ernst Heimeran Verlag, 1957, I, p. 99, L. A. Guichard, *Asclepiades de Samos: epigramas y fragmentos*, Berna, Peter Lang, 2004, p. 91, B. Ortega Villaró y M.ª T. Amado Rodríguez [eds.], *Antología Palatina. Libros XIII, XIV, XV (epigramas variados)*, Madrid, CSIC, 2021 p. XVII y A. Gullo, *Antologia Palatina. Epigrammi funerari (libro VII)*, Pisa, Edizioni della normale, 2023, p. 148).

142 Se trata de los manuscritos de la Forschungsbibliothek Gotha de la Universidad de Erfurt *Gothani Charta* A 779-780 (véase C. Gandini, «Il cardinale Durini, l' abate Spalleti e l' *apographon Gothanum* dell' *Anthologia Graeca*», *Atene et Roma* 10, 2016, p. 173-209).

143 Se trata de *Anacreontis Teii Convivialia semiambia*, Roma, [s.n.], 1781, p. I-XVI. Está disponible en <https://bdh-rd.bne.es/viewer. vm?id=0000232392>. Existe una versión trilingüe reciente: *Anacreontis Teii Convivalia Semiambia (Anacreónticas), ed. trilingüe y tetratextual; estudio, trad. y notas por Miguel Castillo Didier*, Biblioteca Nacional de Venezuela-Centro de Estudios Griegos Bizantinos y Neohelénicos Fotios Malleros, Facultad de Filosofía y Humanidades, Universidad de Chile, 1999. La traducción de Barnes se había publicado ya en 1705 (*Anacreon Teius. Item Anacreontis vita, opera & studio J. Barnes*, Cambrigde, impensis Edmundi Jeffery, 1705) y se reimprimió muchas veces. Está disponible en <https://books.google.es/books?id=uLwDAAAAQAAJ&printsec=frontcover&hl=es&source=gbs_ge_summary_r&cad=0#v=onepage&q&f=false>.

144 Se trata de dieciséis páginas (p. 676-691), que se corresponden en el actual *Parisinus* suppl. gr. 384 con los ff. 31-38ᵛ. El manuscrito *Gothanus* A 780 carece hoy de este pliego de ocho folios que ha sido sustituido por cuatro folios en blanco (f. 231-234), por lo que se puede reconstruir que el pliego original fue desgajado en el momento de la impresión del libro y nunca fue restituido (véase C. Gandini, «Il cardinale Durini, l' abate Spalleti e l' *apographon Gothanum* dell' *Anthologia Graeca*», *Atene et Roma* 10, 2016, p. 194 n. 40).

145 El rey Luis XVI (1754-1793) fue decapitado el lunes 21 de enero de 1793 y nueve meses después, el 16 de octubre de 1793, lo fue su mujer, la reina María Antonieta (1755-1793). El período o reinado del terror, o simplemente, «el Terror», se extendió desde el 22 de julio de 1789 hasta el 28 de julio de 1794. Más de 2.000 personas fueron guillotinadas durante este período, si bien el número de fallecidos pudo llegar a 50.000 (véase D. Andress, *The Terror: Civil War in the French Revolution*, Londres, Little, Brown, 2005).

146 Véase C. Saltzman, *Napoleon's Plunder and the Theft of Veronese's Feast*, Londres, Thames & Hudson, 2021. Se trata de la Basílica de San Giorgio Maggiore, diseñada por el arquitecto paduano Andrea Paladio (1508-1580). Desde el mismo siglo XIX se ha reclamado varias veces sin éxito la devolución del cuadro a su emplazamiento originario, lugar hoy día ocupado por una copia fiel. A pesar de ello, la basílica aún con-

serva valiosas obras de arte, como *La última cena*, *La recogida del maná* y *La deposición*, de Jacopo Comin (1518-1594), más conocido con el apodo de «Tintoretto» por la profesión de su padre que era tintorero en Venecia.

147   Se trata de un arco del triunfo que hizo erigir Napoleón entre 1806 y 1808 para conmemorar sus victorias. Se encuentra entre el jardín de las Tullerías y el Museo del Louvre, donde sigue todavía hoy colgado el cuadro *Las bodas de Caná* de Veronese y donde también estuvieron el Apolo de Belvedere y el Laocoonte helenístico hasta su devolución en 1815. Ambos se hallan expuestos hoy día en los Museos Vaticanos.

148   El artículo XIII del Tratado de Tolentino confirma lo afirmado anteriormente en el artículo VIII del Armisticio de Bolonia (23 de junio de 1796): «Art. VIII: Le pape livrera à la république française cent tableaux, bustes, jarrones, ou estatuas, au choix des commissaires qui seront enviados a Roma; parmi lesquels objets seront notamment compris le buste de bronce de Junius Brutus et celui en marbre de Marcus Brutus, tous les deux placés au capitole; et cinq cent manuscrits au choix des mêmes commissaires» (véanse C. G. de Koch, *Histoire abrégée des traces de paix entre les puissances de l'Europe*, Bruselas, Meline, Cans et Compagnie, 1837, I, p. 576, M.-L. Blumer, «Le transport en France des objets d'art cédés par le traité de Tolentino», *Revue des études italiennes* I, 1936, p. 11-23; y C. Parry [ed.], *The Consolidated Tratado Series* 53, 1969, p. 128 y 489).

149   Luigi Braschi Onesti (1745-1816), Duque de Nemi. Terracina es un municipio costero a poco más de ciento diez kilómetros al sur de Roma. Se hace referencia al palacio Braschi, un edificio neoclásico construido entre 1787 y 1795, gemelo del Palacio Braschi de Roma y destinado a ser residencia papal.

150   Jules Raymond Mazarin (1602-1661), fue un diplomático, cardenal y político italiano, cuyo majestuoso palacio en la calle Richelieu fue sede de la Biblioteca nacional de Francia desde 1721-1722. Todavía hoy se consultan allí los incunables y libros antiguos, pues los manuscritos y bibliografía moderna fueron trasladados a finales del siglo XX a la sede François Mitterrand en el distrito XIII. Sin embargo, la biblioteca personal del cardenal Mazarino reposa hoy día en la biblioteca pública que lleva su nombre en el barrio de la Moneda del distrito VI, salvo la mayoría de sus manuscritos que se custodian en la Nacional.

151   Henri Labrouste (1801-1875) fue un arquitecto francés especializado en utilizar estructuras de hierro con fines estructurales y decorativos. Su obra maestra fue, sin duda, el diseño de la sala de lectura de la antigua sede de la Biblioteca nacional de Francia en la calle Richelieu que hoy se conoce con su nombre. Jean-Louis Pascal (1837-1920) fue el arquitecto que sucedió a Labrouste como arquitecto jefe de la Biblioteca nacional de Francia tras su muerte. Fue el responsable del diseño inicial de la Sala Oval de la Biblioteca nacional. Las obras se iniciaron en 1897, pero no se terminó hasta 1932. Se inauguró oficialmente en diciembre de 1936 por el presidente de la República Albert Lebrun (1871-1950).

152   Se trata del testimonio principal para los libros XXI a XXX de las *Historias* de Livio. Existe una edición facsímil (*Histoire romaine de Ti-te-Live: reproduction réduite du manuscrit en onciale, latin 5730 de la Bibliothèque nationale*, París, Berthaud, 1907) y está disponible en línea en <https://gallica.bnf.fr/ark:/12148/btv1b8470112j>. Véase F. W. Shipley, «Studies in the mss. of the Third Decade of Livy», *CPh* 4, 1909, p. 405-419, T. A. Dorey, «The Textual Tradition of Livy 21-25», *CQ* 8, 1958, p. 161-164, L. D. Reynolds, N. G. Wilson, *Copistas y filólogos. Las vías de transmisión de las literaturas griega y latina*, Madrid, Gredos, 1986 (= 1974²), p. 98, M. D. Reeve, «The Transmission of Livy 26-40», *RFIC* 114, 1986, p. 143-152 y M. de Franchis, «Livian Manuscript Tradition», en B. Mineo, *A Companion to Livy*, Chichester, Wiley/Blackwell, 2015, p. 9-11. Sobre la biblioteca de Alcuíno de York, véase M. Garrison, «The Library of Alcuin's York», en *Cambridge History of the Book in Britain*, Cambridge, Cambridge University Press, 2011, I, p. 633-664.

153   La copia es el hoy *Parisinus* Suppl. Gr. 4, copiado entre 1787 y 1791, cuando el manuscrito palatino reposaba todavía en la Biblioteca Vaticana íntegro (permaneció allí entre 1623 y *circa* 1802 [véase *supra*]).

154   Se trata de tres volúmenes que publicó en París en 1812 con el título de *Mélanges de critique et de philologie*. Están disponibles en <https://gallica.bnf.fr/ark:/12148/bpt6k62580313>, <https://gallica.bnf.fr/ark:/12148/bpt6k6251372w> y <https://gallica.bnf.fr/ark:/12148/bpt6k6231765k>.

155   Véase S. Chardon de la Rochette, *Mélanges de critique et de philologie*, París, chez d'Hautel, 1812, I, p. 289-291.

156   El cardenal Francisco Saverio Zelada (1717-1801) fue un empedernido bibliófilo (véase F. Candel Crespo, *El cardenal Don Francisco Javier Zelada y Rodríguez (1717-1801). Un ilustre y desconocido murciano*, Murcia, F. Candel, 2006). A su muerte donó sus manuscritos griegos a la Biblioteca Capitular de la Catedral de Toledo, aunque algunos de ellos se custodian hoy día en la Biblioteca Nacional tras haber sido incautados los fondos de la Biblioteca Capitular de Toledo en 1869 (véase I. Pérez Martín, «Los manuscritos griegos del Cardenal Zelada: una biblioteca romana en la Catedral de Toledo», en A. Bravo García, I. Pérez Martín [eds], *The Legacy of Bernard de Montfaucon: Three Hundred Years of Studies on Greek Handwriting. Proceedings of the Seventh International Colloquium of Greek Palaeography*, Turnhout, Brepols, 2010, I, p. 567-582).

157   Para el problema de la signatura del manuscrito palatino, véase P. Canart, «Les cotes du manuscrit palatin de l' Anthologie», *Scriptorium* 35, 1981, p. 227-240.

158   Se trata de Johann Gottfried Dyck (1750-1813), librero y escritor alemán que se hizo cargo del negocio abierto por su padre, que se llamaba igual que él, y lo convirtió en una de las imprentas líderes de su época en el campo de la literatura (véase R. von Liliencron, «Dyck, Johann Gottfried», *Allgemeine Deutsche Biographie*, Leipzig, Duncker & Humblot, 1877, V, p. 509).

159   Con tan solo veintiún años fue contratado como professor de griego, latín y alemán en el entonces conocido como «Gymnasium Illustre» en Gotha, donde estuvo enseñando nada menos que veintidós años. Despúes, entre 1859 y 1947, fue conocido como «Gymnasium Ernestinum». Fue reabierto tras la unificación alemana en 1991.

160   *Animadversiones in Euripidis tragoedias. Accedunt Emendationes in Stobaeum Epistola Critica*, Gotha, apud C. W. Ettingerum, 1790. Está disponible en <https://books.google.es/books?id=aBoUAAAA-QAAJ&printsec=frontcover&hl=es&source=gbs_ge_summary_r&cad=0#v=onepage&q&f=false>.

161   *Emendationes in epigrammata Anthologiae Graecae*, Lipsiae, impensis Dyckii, 1793. Está disponible en < https://books.google.es/books?id=tYcUAAAAQAAJ&printsec=frontcover&hl=es&source=gbs_ge_summary_r&cad=0#v=onepage&q&f=false >.

162   Se conoce como «Cien días» al período que va desde el 20 de marzo de 1815, fecha del regreso de Napoleón a París desde su exilio en Elba, hasta el 8 de julio de 1815, día en el que Luis XVIII recuperó el trono por segunda vez (véase D. de Villepin, *Los cien días. El final de la era napoleónica*, Barcelona, Inédita editores, 2005).

163   Se encuentra a más de 7.200 km de París en línea recta, en las coordenadas geográficas 15 ° 56'S 5 ° 42'O.

164   Son numerosos los manuscritos y libros impresos que no regresaron a sus bibliotecas de origen. Es el caso, por ejemplo, de un ejemplar de la primera edición aldina de la *Antología Planudea* (1503) que se conserva por razones desconocidas en la Staats- und Stadtbibliothek de Augsburgo (LG 98), y del manuscrito f-9/176 de la Biblioteca Capitolare de la catedral de Monza, que debería haber regresado a su lugar de origen, la Biblioteca Capitolare de la catedral de Verona (véanse A. Hobson, «Appropriations from foreign libraries during the French Revolution and Empire», *Bulletin du bibliophile* 2, 1989, p. 255–272 y G. Galán Vioque, «Fulvio Orsini y la *Appendix Barberino-Vaticana*», *Emerita* 91, 2023, p. 271-296). Algunas de las obras expoliadas se siguen custodiando hoy día en la Biblioteca nacional de Francia gracias a la astucia de sus bibliotecarios. Para el caso de los manuscritos de Italia, véase M.-P. Laffitte, «La Bibliothèque nationale et les conquêtes artistiques de la Révolution et de l'Empire: les manuscrits d'Italie», *Bulletin du Bibliophile* 2, 1989, pp. 272-323, y para los impresos de la Biblioteca Apóstolica Vaticana, G. Galán Vioque, «Kidnapped Books in Paris: The Vatican Volumes in the Bibliothèque nationale de France», *Quaerendo* 55, 2025, p. 195–232. Para todo el proceso de saqueo de la Biblioteca Apóstolica Vaticana y otras bibliotecas de Roma, véanse A. Rita, *Biblioteche e requisizioni librarie a Roma in età napoleonica. Cronologia delle fonti*, Ciudad del Vaticano, Biblioteca Apostolica Vaticana, 2012, y su «Tra rivoluzione e restaurazione. La Vaticana di Marini, Battaglini e Baldi», en A. Rita (ed.), *La biblioteca vaticana dall'occupazione francese all'ultimo Papa Re (1797-1878)*, Ciudad del Vaticano, Biblioteca Apostólica Vaticana, 2020, pp. 55-105.

165   La Universidad de Heidelberg es, de hecho, la más antigua de Alemania. Se devolvieron ochocientos cuarenta y siete manuscritos en alemán y, entre los cinco manuscritos latinos se incluye el manuscrito Heidelberg, *Palatinus* Lat. 52, que contiene una versificación en alemán antiguo de los Evangelios, obra del conocido como monje Otfrid von Weissenburg («*Otfridi Monachi Versio Quatuor Evangeliorum*»; está disponible en <https://digi.ub.uni-heidelberg.de/diglit/cpl52/0001/image,info,thumbs>). Los otros manuscritos latinos devueltos son los hoy *Palatini* Lat. 50, 454, 1854 y 1012. Con todo, se devolvió una mínima parte, pues en total en 1623 el duque de Baviera Maximiliano donó al Vaticano 847 códices en alemán, 1.954 latinos, 393 griegos y 278 hebreos (véase T. Scovazzi, «The First Time Instance as Regards Restitution of Removed Cultural Properties», *Agenda Internacional* 19 n° 30, 2012, p. 16-17).

166   Fue profesor en el «Alten Gymnasiums» de Múnich que desde 1849 se conoce como «Wilhelmsgymnasium». Se trata del instituto más antiguo de Múnich (fue fundado en 1559 duque Alberto V de Wittelsbach [1528-1579]). En 2014 continuaba siendo uno de los siete «humanistiche Gymnasien» que quedaban en Alemania, en los que los alumnos tienen que cursar obligatoriamente griego antiguo y latín.

167   Se trata de la Bayerische Akademie der Wissenschaften, que fue fundada en 1759 por Maximiliano III José de Baviera (1727-1777). Fue nombrado miembro de pleno derecho de la sección de filología e historia el mismo año de su traslado.

168   Desempeñó esa tarea durante más de treinta y cinco años en la biblioteca ducal, que se localizaba en el castillo de Friedenstein.

169   El título original es *Anthologia Graeca ad fidem codicis olim Palatini, nunc Parisini ex apographo Gothano edita*, Leipzig, in Libraria Dyckiana, 1813-1817, 3 vols.

170   Estas batallas tuvieron lugar en 1813, concretamente el 2 de mayo, el 21 del mismo mes y los días 26 y 27 de agosto, respectivamente. En todas ellas se impusieron las tropas de Napoleón, siendo la de Dresde su última gran victoria.

171   Friedrich Wilken (1777-1840), además de bibliotecario, fue un prolífico historiador alemán y profesor universitario. Véase A. Stoll, *Der Geschichtschreiber Friedrich Wilken*, Cassel, Th. G. Fisher & Co., 1896.

172   Se trata de Marino Marini (1783- 1855), prefecto del Archivo Vaticano responsable de organizar, junto con su tío Gaetano Marini (1742-1815), el archivo vaticano tras su llegada a París en 1810 y de gestionar su regreso en 1814. Véase A. Rita, «Tra rivoluzione e restaurazione. La Vaticana di Marini, Battaglini e Baldi», en A. Rita (ed.), *Storia della Biblioteca Apostolica Vaticana, vol. V: La Biblioteca Vaticana dall' occupazione francese all' ultimo Papa Re (1797-1878)*, Ciudad del Vaticano, BAV, 2020, p. 72 y, en general, R. J. Maras, «Napoleon's Quest for a Super-Archival Center in Paris», en *Consortium on Revolutionary Europe 1750-1850: Selected Papers 1994*, Tallahassee, Florida State University,

1994, p. 567-578 y M. P. Donato, *L'archivio del mondo. Quando Napoleone confisco la storia*, Bari-Roma, Laterza, 2019.

173   Se trata de Francisco Javier de Ottenfels-Gschwind (1778-1851), quien ostentó el cargo de internuncio del emperador de Austria ante el imperio otomano entre 1822 y 1835.

174   Se trata de Valentin Christian Friedrich Rost (1790-1862), filólogo clásico y lexicógrafo alemán. Era, como Jacobs, oriundo de Gotha, aunque de Friedrichroda, un pequeño pueblo cercano a Gotha. Para el círculo de filólogos que rodeaba a Jacobs en Gotha, véase J. E. Sandys, *A History of Classical Scholarship, vol. III: the Eighteenth Century in Germany and the Nineteenth Century in Europe and the United States of America*, Cambridge, Cambridge University Press, 1908, p. 65.

175   Está disponible en <https://books.google.es/books?id=MY-9bAAAAQAAJ&printsec=frontcover&hl=es&source=gbs_ge_summary_r&cad=0#v=onepage&q&f=false>.

176   Anton Jacob Paulssen (1792-1835) fue un profesor de instituto y filólogo clásico alemán.

177   Johann Friedrich Dübner (1802-1867) fue un filólogo clásico alemán que se nacionalizó como francés.

178   Se trata de H. Stephanus, *Thesaurus Graecae linguae, ab Henrico Stephano constructus, in quo praeter alia plurima quae primus praestitit... vocabula in certas classes distribuit...*, [Genevae], excudebat Henr. Stephanus, 1572, 5 vols.

179   Firmin Didot (1764-1836) fue un célebre tipógrafo francés heredero de una conocida familia de impresores, cuya imprenta comenzó en el siglo XVIII y sigue todavía hoy activa con el nombre de *Société Nouvelle Firmin Didot. Imprimerie et travaux graphiques y sede en Mesnil sur l'Estrée*, a poco más de ochenta kilómetros al oeste de París.

180   La reedición salió publicada como *Thesaurus Graecae linguae ab Henrico Stephano constructus. Post editionem Anglicam novis additamentis auctum, ordineque alphabetico digestum, tertio ediderunt Carolus Benedictus Hase, G. R. Lud. de Sinner, et Theobaldus Fix*, París, A. Firmin-Didot, 1831-1865, ocho tomos en nueve volúmenes.

181   Fue conocida así entre 1804 y 1871.

182   Friedrich Heinrich Bothe (1771-1855) fue un eminente poeta, filólogo y traductor alemán.

183   Entre los humanistas y juristas holandeses de esta época, Hugo Grotius (1583-1645) es, sin duda, uno de los más relevantes y prolíficos, hasta el punto de que se le considera el patriarca del Derecho internacional y uno de sus libros, *De iure belli ac pacis*, París, Nicolas Buon, 1625 (*Del derecho de la guerra y de la paz*, Madrid, Editorial Reus, 1925 [traducción de J. Torrubiano]), ha llegado a ser considerado como el primer tratado de Derecho internacional. Véase W. S. M. Knight, *The Life and Works of Hugo Grotius*, Londres, Sweet and Maxwell Publishers, 1925.

184   Sus traducciones aparecieron impresas por primera vez en H. de Bosch y J. van Lennep (eds.), *Anthologia Graeca: cum versione Latina Hugonis Grotii*, Utrecht, e typographia B. Wild & J. Altheer, vol. I, 1795, II,

1797, III, 1798, IV, 1810, V, 1822. El manuscrito autógrafo de las traducciones de Grotius está perdido (el padre jesuita G.-F. Berthier, que fue director de la revista *Mémoires de Trévoux* desde 1745 hasta la expulsión de los jesuitas en 1763, lo consultó en 1751 en la biblioteca del Collège de Clermont de los jesuitas, situado entonces donde ahora se ubica el Lycée Louis-le-Grand [véase G.-F. Berthier, «Notice d'une versión manuscrite de l'*Anthologie grecque* par Hugues Grotius», *Mémoires de Trévoux* agosto 1751, p. 1790-1809]), pero se conserva una copia destinada a ser usada para la impresión de la obra en la biblioteca Bodleian de Oxford (Oxoniensis d'Orville 265). Véase J. Hutton, *The Greek Anthology in France and in the Latin Writers of the Netherlands to the Year 1800*, Ítaca, Cornell University Press, 1967, p. 260-265 y M. van Oosterhout, «Hugo Grotius and the Epigram», en S. de Beer (ed.), *The Neo-Latin Epigram. A Learned and Witty Genre*, Lovaina, Universitaire Pers, 2009, p. 301-303.

185   Se trata de Edme Pierre Cougny (1818–1889) que fue un filólogo clásico que colaboró en muchas de las ediciones de autores griegos publicados por la editorial de Firmin Didot.

186   La mayor parte de su carrera docente transcurrió en el Heidelberger Gymnasium, hoy conocido como Kurfürst-Friedrich-Gymnasium Heidelberg, donde ejerció como profesor de lenguas clásicas más de treinta años. Muchas de sus notas y colaciones se custodian manuscritas en la Badischen Landesbibliothek en Karlsruhe (véase K. Preisendanz, *Die Handschriften der Landesbibliothek in Karlsruhe. VIII. Die Karlsruher Handschriften*, Wiesbaden, Harrassowitz, 1972², II, p. 67–69).

187   En la tradición planudea se adscribe sin matices a Filipo [de Tesalónica], pero ya desde la edición de Brunck (*Analecta veterum poetarum*, Estrasburgo, sumtibus Bibliopolii academici, 1772, I, p. 232 [nº XLV]) se acepta como correcta la adscripción a Leónidas [de Tarento] que se testimonia en el manuscrito palatino (p. 452).

188   Los epigramas descriptivos se localizan en el libro IX de la *Antología Palatina*, mientras que los de tema amatorio aparecen divididos según la naturaleza del amor que se describe entre los libros V (epigramas de temática heterosexual) y XII (epigramas de temática homoerótica). Véase G. Galán Vioque, M. Á. Márquez Guerrero, *Epigramas eróticos griegos: Antología Palatina, libros V y XII*, Madrid, Alianza editorial, 2001 (2023² ed. rev.).

189   La imprenta A. W. Sijthoff fue fundada en Leiden en 1851 por A. W. Sijthoff (1829–1913) y sigue en activo a día de hoy bajo la marca Luitingh-Sijthoff. Para su política de editar reproducciones facsímiles de manuscritos relevantes, véase *A. W. Sijthoff's enterprise of the Codices graeci et latini photographice depicti duce Bibliothecae Universitatis leidensis praefecto*, Leiden, A. W. Sijthoff's, 1908.

190   Están disponibles en <https://digi.ub.uni-heidelberg.de/diglit/preisendanz1911bd1/0009/image,info,thumbs> y <https://digi.ub.uni-heidelberg.de/diglit/preisendanz1911bd2>.

191 En 1914 Karl Preisendanz (1883-1968), reputado filólogo, paleógrafo y papirólogo alemán, contaba tan solo con veintiún años.

192 La introducción se extiende desde la p. I hasta la CL.

193 Está disponible en <https://digi.ub.uni-heidelberg.de/diglit/preisendanz1912>.

194 La de V. Rose es, en realidad, la primera edición de los poemas de Anacreonte libre ya de las composiciones apócrifas que indebidamente se le habían atribuido desde la edición de H. Stephanus *Anacreontis odae ab Henrico Stephano luce et latinitate nunc primum donatae*, París, apud Henricum Stephanum, 1554 (véase M. Brioso Sánchez, *Anacreónticas*, Madrid, C.S.I.C., 1981, p. ix-xix).

195 Aunque se conocen numerosas traducciones al italiano anteriores de epigramas aislados y de selecciones más o menos extensas de epigramas, algunas de ellas inéditas todavía, para la primera traducción al italiano –y de hecho a cualquier lengua moderna– que puede considerarse íntegra hay que esperar a 1796, fecha en la que se terminó de publicar la versión de Gaetano Carcani, *Raccolta di varii epigrammati divisa in sette libri*, Nápoles, dalla Stamperia reale, 1788-1796, 6 vols. Para las traducciones de epigramas griegos al italiano, véase J. Hutton, *The Greek Anthology in Italy to the Year 1800*, Ítaca N.Y., Cornell University Press, 1935, p. 51-54.

196 Se trata del helenista francés Félix Désiré Dehèque (1794-1870), que se especializó en el estudio del griego moderno, destacando la publicación de su *Dictionnaire grec moderne-français*, París, J. Duplessis & Cie, 1825 (está disponible en <https://books.google.es/books?id=-6BEAAAAAYAAJ&printsec=frontcover&hl=es&source=gbs_ge_summary_r&cad=0#v=onepage&q&f=false>).

197 Sobre la práctica habitual de usar el latín para traducir las obscenidades, véase K. J. Dover, «Expurgation of Greek Literature», *Entretiens sur l'Antiquité classique* 26, 1980, p. 55-89.

198 En francés en el texto original (NdT).

199 Véase L. Floridi, «Interventi censori nell'*Anthologia Planudea*», *BZ* 114, 2021, p. 1079-1116 y, para el caso del libro duodécimo, R. González Delgado, «Planudes y el libro XII de la *Antología Palatina*», *Argos* 35, 2012, p. 47-57.

200 El título completo es *Anthologiae Graecae erotica. The Love Epigrams or Book V of the Palatine Anthology, Edited, and Partly Rendered Into English Verse*, Londres, David Nutt, 1898. La editorial Nutt fue fundada por David Samuel Nutt (1810-1863) y se especializó en la publicación de textos religiosos y educativos, literatura antigua y obras académicas, destinados fundamentalmente al mercado internacional. Desde 1878 hasta su muerte en 1910 la editorial estuvo dirigida por su hijo mayor Alfred Nutt (véase C. Armbrust, «David Nutt (1829-1916)», en P. J. Anderson, J. Rose, *British Literary Publishing Houses, 1820-1880*, Detroit-Londres, Gale Research, Inc., 1991, p. 228-229).

201 No ocurre así en las traducciones de la revisión de la edición de W. R. Paton de la colección Loeb que está a cargo de M. A. Tueller, aunque

hasta ahora solo ha visto la luz el primer volumen que incluye los cinco primeros libros: *The Greek Anthology. Books 1-5*, Cambridge (MA), Harvard University Press, 2014.

202   Omitió los vv. 1-8 (véase *Marcianus* gr. 481, f. 74 [*Antología Planudea* VII 141 = *AP* V 35]). Sí aparece íntegro en la *Appendix Barberino-Vaticana* (epigr. 14), colección de epigramas eróticos editada por L. Sternbach, *Anthologiae Planudeae Appendix Barberino-Vaticana*, Leipzig, Teubner, 1890 (sobre las deficiencias de esta edición, véase A. Borriello «ChrysoCollate per l'*Anthologia Graeca:* il ramo X dell'*Appendix Barberino–Vaticana*», en S. Cannavale, *et alii* [eds.], *Atti del Convegno Orizzonti della filologia digitale*, Nápoles, 2025, p. 55–83).

203   La traducción es nuestra:
«Tres mujeres me eligieron para juzgar sus culos
   y me mostraron sus deslumbrantes cuerpos desnudos.
En el primero, marcado con hoyuelos curvos,
   resplandecía la blanca suavidad de su trasero;
El otro, abriendo las piernas, mostró su carne nívea,
   sonrojándose aún más que una rosa púrpura;
La última, ola tranquila en medio de olas silenciosas,
   sin querer hizo temblar su tierna piel.
Si Paris actuando como juez hubiese visto estos culos,
   ya no hubiera querido juzgar los de las diosas».

204   En español en el original (NdT).

205   Se trata de Suetonio, *Tib.* 43.

206   Se trata de *Tutti gli epigrammi di M. Val. Marziale: fedelmente trasportati in italiano da Giuspanio Graglia, torinese, e dilucidati con utilissime annotazioni*, Londres, Georigo Scott, 1782-1791, 2 vols. Para compensar estas limitaciones la traducción de todos los epigramas que habían sido omitidos en las traducciones anteriores, en especial en la edición incluida en la colección Bohn's Classical library (*The epigrams of Martial*, Londres, Bell & Daldy, 1865), fueron incluidos en un volumen publicado anónimamente y para circulación privada: *The Index expurgatorius of Martial, literally translated, comprising all the epigrams hitherto omitted by English translators to which is added an original metrical versión and copious explanatory notes*, Londres, [s. n.], 1868. Sobre la naturaleza de esta traducción, véase C. Williams, «Too Gross for Our Present Notions of Propriety: Roman Homosexuality in Two Nineteenth-Century Translations of Martial's Epigrams», en J. Ingleheart (ed.), *Ancient Rome and the Construction of Modern Homosexual Identities*, Oxford, Oxford University Press, 2015, p. 288-306.

207   En francés en el original (NdT).

208   En italiano en el original. Se trata del epigrama de Marcial III 96. La traducción eufemística italiana podría ser interpretada en español así: «Tú hablas con mi chica, no la proteges. Y te jactas de ser su amante y su protector. Si te cojo, Gargilio, te vas a callar» (NdT).

209   Dramaturgo italiano de la segunda mitad del XVII que se caracterizó por utilizar un italiano alejado del habla cotidiana y del empleado en

todos los demás géneros literarios, con propensión al uso de frases entrecortadas o fuertemente sincopadas (véase A. Sorella, *La tragedia*, en L. Serianni y P. Trifone (eds.), *Storia della lingua italiana, I: I luoghi della codificazione*, Turín, Giulio Einaudi Editore, 1993, p. 781, y en general G. A. Camerino, *Alfieri e il linguaggio della tragedia. Verso, stile, tópoi*, Nápoles, Liguori Editore, 2006[2] (= 1999) y V. Perdichizzi, *Lingua e stile nelle tragedia di Vittorio Alfieri*, Pisa, Edizioni ETS, 2009).

210 Tampoco lo incluyó en su *Antología* Planudes, ni aparece reproducido en las llamadas *syllogae minores* (véase F. Maltomini, *Tradizione antologica dell' epigrama greco. Le sillogi minori di età bizantina e umanistica*, Roma, edizioni di storia e literatura, 2008, <p. 197>).

211 P. Waltz, *Anthologie grecque. Première partie. Anthologie Palatine Tome II (libre V)*, París, Les Belles Lettres, 1960, p. 41.

212 Para un listado de las traducciones al inglés disponibles desde la primera de 1806, a cargo de R. Bland y J. H. Merivale (*Translations, chiefly from the Greek Anthology*, Londres, Richard Phillips, 1806), hasta 1913, véase W. R. Paton, *The Greek Anthology*, Cambridge (MA), Harvard University Press, 1916, I, p. XIII-XV.

213 Se trata de E. L. Masters, *Spoon River Anthology*, Nueva York, The Macmillan Company, 1915. Esta primera edición está disponible en línea en <https://www.loc.gov/resource/rbc0001.2022rosen2307/?st=gallery>.

214 E. L. Masters, *Across Spoon River: An Autobiography*, Nueva York, Farrar & Rinehart, Inc., 1936.

215 Fabrizio De André (1940-1999) fue un cantautor, poeta y escritor italiano, que en el álbum citado puso música a la célebre «*Antologia di Spoon River*» de Edgar Lee Masters.

216 Véase *AP* IV 1 (Meleagro) y 2 (Filipo).

217 Se trata de un cementerio monumental en una colina al norte de Génova, siendo, con su más de un kilómetro cuadrado de superficie, uno de los más grandes de Europa. Fue inaugurado en 1851 y destaca por la belleza de sus numerosas esculturas. Véase F. Sborgi, L. Lecci y P. Valenti, *Il cimitero monumentale di Staglieno a Genova*, Génova, Comune, 2003.

218 Giuseppe Mazzini (1805-1872), fue un político, periodista y activista italiano que tuvo un papel relevante en el proceso de la unificación de Italia.

219 Entre las letras de las canciones de de André hay algunas en lengua ligur o genovés (por ejemplo, las canciones incluidas en el álbum *Créuza de mä* [1984] ['Linde del mar']). Se trata de un dialecto del italiano que hablan unas 400.000 personas en Liguria y en el sur del Piamonte, en la Italia noroccidental (véase G. Devoto y G. Giacomelli, *I Dialetti delle Regioni d'Italia*, Florencia, Sansoni Editore, 1971 [= 2002[3]], p. 10-19).

220 Se trata de los epigramas *AP* XI 65-442, que en el manuscrito palatino están separados de los epigramas precedentes, los simposíacos, por una

línea de asteriscos y un lema en prosa en el que se explica la naturaleza burlesca de los epigramas que siguen (véase *Palatinus Heidelbergensis* gr. 23, p. 517). Para una traducción castellana de estos epigramas (y del lema introductorio), véase B. Ortega Villaró, *Poemas griegos de vino y burla*, Madrid, Akal Clásica, 2006, p. 96-233.

221   Esta expresión aparece por primera vez en Sidonio Apolinar, poeta, epistológrafo y obispo del siglo V (véase Sidon. Apollin., *epist.* IX 7.2). Véase F. Boldrer, «*Fulmen in clausula* prima di Marziale: aspetti teorici e 'finali a sorpresa' in Catullo, Virgilio e Orazio», *Fillide. Il sublime rovesciato: comico umarismo e affini* 21, 2020, p. 1-13.

222   Véase A. Steiner, «The Vernacular Proverb in Mediaeval Latin Prose», *AJPh* 65, 1944, p. 54, nº 91, R. Tosi, *Dizionario delle sentenze latine e greche*, Milán, Rizzoli, 2017, p. 386, nº 826. Aunque se trata de un proverbio medieval, la imagen del escorpión como portador del mal está ya en el imaginario griego (véase Ar. *Th.* 529-531: τὴν παροιμίαν δ' ἐπαινῶ / τὴν παλαιάν: ὑπὸ λίθῳ γὰρ / παντί νου χρὴ / μὴ δάκῃ ῥήτωρ ἀθρεῖν [«aplaudo ese proverbio antiguo que afirma que hay que mirar debajo de cada piedra, no vaya a ser que te pique un orador»], Macar. VIII 69 y Zenob. VI 20). Para pasajes similares en el mundo latino, véase Lucil. 1022-23 M. (1026-27 Chr.), Ov. *Met.* XV 371, *hal.* 5, y Plin. *Nat.* VIII 75; XI 87, *et alii* (véase *ThLL* III 625, 11-17).

223   Su llegada a Roma suele datarse hacia el año 64 a. C. Allí permaneció hasta el año 98 a. C., fecha en la que regresó a su Bílbilis natal.

224   El testimonio manuscrito más antiguo de Marcial, datado en los siglos VIII-IX, aunque efectivamente parece proceder de Francia, se custodia hoy día en la Biblioteca Nacional de Austria y consiste en una breve selección de epigramas del *Libro de los espectáculos*: *Vindobonensis* cod. Lat. 277, ff. 71-73. Se conocen hasta tres manuscritos del siglo IX, todos ellos transcritos en *scriptoria* franceses, además de varios *florilegia* del mismo siglo. Sobre la transmisión manuscrita de Marcial, además de los estudios clásicos de F. G. Schneidewin, *M. Val. Martialis Epigrammaton libri*, Grimae, Impensis I. M. Gebhardt, 1842, LII-CXXVII y W. M. Lindsay, *Ancient Editions of Martial with Collations of the Berlin & Edinburgh Mss.*, Oxford, James Parker and Co., 1903, véase M. D. Reeve, «Martial», en L. D. Reynolds, *Texts and Transmission: A Survey of the Latin Classics*, Oxford, Clarendon Press, 1983, p. 239-44 y J. Velaza, «The Protohistory of the Text of Martial», en J. Velaza (ed.), *From the Protohistory to the History of the Text*, Berna, Peter Lang, 2018, p. 259-264.

225   Sobre esta casa editorial, véase E. Hall, *Sweynheym & Pannartz and the Origins of Printing in Italy: German Technology and Italian Humanism in Renaissance Rome*, McMinnville, OR, Bird & Bull Press, 1991.

226   Sobre la posible prioridad de la edición de Ferrara, véase J. Velaza, «La *editio princeps* y las primeras ediciones impresas de Marcial», *Faventia* 41, 2019, p. 85-95. Sobre este editor, véase A. Nuovo, *Il commercio librario a Ferrara tra XV e XVI secolo. La bottega di Domenico Sivieri*, Florencia, Olschki, 1998, p. 35-41.

227 Se trata de *Martialis cum duobus commentis* [*Domitii Calderini ac Georgi Merulae*], Venecia, Christophorus de Pensis, de Mandello, 1495 (ISTC im00312000). Está disponible en <https://www.digitale-sammlungen.de/en/view/bsb00056493>.

228 Su comentario, que se vio interrumpido por su muerte, apareció póstumamente en 1489 con el sugerente título de *Cornucopiae sive Commentariorum linguae Latinae*, Venecia, per ... Paganinum de paganinis, 1489 (ISTC ip00288000). Está disponible en <https://www.digitale-sammlungen.de/en/view/bsb00057792>. Incluye solo sus notas sobre el *Libro de los espectáculos* y una parte del libro I, pero ha sido calificada como «la obra más importante de su época sobre los epigramas de Marcial y uno de los proyectos más ambiciosos del humanismo de su tiempo» (véase J. Velaza, «La *editio princeps*», p. 93).

229 Desde el primer momento el *Hermaphroditus* de A. Beccadelli (1394-1471) disfrutó de una extraordinaria difusión manuscrita, pero no fue publicada hasta 1553, año en el que apareció en Venecia una selección de sus composiciones: *Antonii Bononiae Beccadelli Panhormitae epistularum libri V. Eiusdem orationes II. Carmina praeterea quaedam*, Venecia, apud Bartholomaeum Caesarium, 1553. La primera edición completa, que puede considerarse como verdadera *editio princeps*, apareció en 1790: *Fescennina seu Antonii Panormitae Hermaphroditus*, [s. l.], typis Joa. Giralti, 1790.

230 Luigi Alamanni (1495-1556) fue un poeta, político y agrónomo italiano. Sus poesías burlescas se incluyeron en sendas antologías que aparecieron en la segunda mitad del siglo XVI: F. Sansovino (ed.), *Sette libri di satire di Lodovico Ariosto, Hercole Bentivogli, Luigi Alamanni, Pietro Nelli, Antonio Vinciguerra, Francesco Sansovino e d'altri scrittori. Con un discorso in materia della Satira*, Venecia, [Francesco Sansovino & c.], 1560 y M. degli Andini (ed.), *Satire di cinque poeti illustri, di nuovo raccolte et poste a luce*, Venecia, Andrea Valvassori, 1565. Sobre su repercusión, véase R. Cacho Casal, «La poesía burlesca del Siglo de Oro y sus modelos italianos», *Nueva Revista de Filología Hispánica* 51, 2003, p. 465-491. Antonio Francesco Grazzini (1503-1584) fue un autor de comedias, poesías, e historias breves escritas a la manera del *Decamerón* de Boccaccio, por las que es considerado uno de los mejores novelistas italianos. Sus historias breves, agrupadas en una obra inacabada titulada *Le Cene* (*circa* 1549), no fueron publicadas hasta mediados del siglo XVIII. Su obra pudo influir en Cervantes (véase A. Madroñal, «Grazzini y Cervantes. Notas sobre una relación poco conocida», *Anales Cervantinos* 49, 2017, p. 393-400).

231 Para la relación entre estos dos poetas latinos, véanse R. Paukstadt, *De Martiale Catulli imitatore*, diss., Halle, 1876, J. Ferguson, «Catullus and Martial», *PACA* 6, 1963, p. 3-15, B. W. Swann, *Martial's Catullus: the Reception of an Epigrammatic Rival*, Hildesheim, Olms, 1994 y S. Lorenz, «Catullus and Martial», en M. B. Skynner (ed.), *A Companion to Catullus*, Londres, Blackwell, 2011, p. 418-438.

232 Para la influencia de Lucilio en Marcial, véanse O. Autore, *Marziale e l' epigrama greco*, Palermo, Trimarchi, 1937 y L. Floridi, *Lucillio, epigrammi. Introduzione, testo critico, traduzione e commento*, Berlín y Boston, de Gruyter, 2014, *passim*.

233 Paulo Giovio (1458-1535) fue un historiador y médico italiano que, entre otras muchas obras, escribió unas biografías sobre personajes famosos de su época que tuvieron un gran éxito: *Elogia virorum litteris illustrium*, Venecia, apud M. Tramezium, 1546. Hay quien atribuye este epitafio al poeta Francesco Berni (1496-1535), enemigo de Aretino (véase C. Traina, *I capricciosi raggionamenti*, Roma, Editori Associati, 1961). Se conoce también una versión diferente bilingüe latín-italiano en cuatro versos (véase G. Ghilini, *Teatro d'huomini letterati* [...], Venecia, Guerigli, 1647, p. 192 [citado en M. Faini, P. Ugolini, *A Companion to Pietro Aretino*, Leiden, Brill, 2021, p. 1]).

234 En francés en el original (NdT).

235 Niccolò Ugo Foscolo (1778-1827) fue un poeta italiano que nació en la isla Zante, actual Grecia, aunque entonces estaba bajo dominio veneciano (fue una colonia de Venecia desde 1485 hasta 1797), y que destacó por su profundo sentimiento nacionalista. Según parece, se cambió el nombre en homenaje a Nicolas-Jean Hugou de Basseville (1743-1793), un republicano francés que fue asesinado por su ostentoso republicanismo en Roma en 1793. En Italia se le conocía simplemente como Ugo di Basseville. Vincenzo Monti (1754-1828) es el máximo representante de la poesía neoclásica italiana.

236 François Richer d'Aube (1688-1752) fue un famoso magistrado francés.

237 John Wilmot vivió entre 1647 y 1680, mientras que Carlos II (1630-1685) reinó desde 1660 hasta su muerte.

238 Indro Montanelli (1909-2001) fue un célebre periodista e historiador italiano.

239 Arnoldo Mondadori (1889-1971) fue el fundador de la casa editorial que lleva como nombre su apellido y que es hoy día una de las editoriales más importantes de Italia. Tuvo importantes conflictos con su hijo Alberto (1914-1976), quien llegó a fundar su propia casa editorial en 1958, conocida como «il Saggiatore», que se incorporó a la editorial Mondadori en 1986.

240 Según el catálogo colectivo REBIUN, no se custodia en ninguna biblioteca española. Hoy día se encuentra completamente digitalizado en <https://digi.ub.uni-heidelberg.de/diglit/preisendanz1911ga>.

241 La obra de Pablo el Silenciario, autor del siglo VI d. C. contemporáneo del emperador Justiniano (482-565), consiste en ochenta y tres epigramas que se nos han transmitido en la *Antología Palatina* y dos poemas en hexámetros dedicados al templo de Santa Sofía en Estambul, los denominados *Descripción del templo de Santa Sofía* y *Descripción del púlpito* de la misma iglesia, ambos conservados también en el manuscrito palatino *Heidelbergensis Palatinus* Gr. 23, ff. 1-40. Para una traducción castellana, véase J. M. Egea, *Paulo el Silenciario. Un poeta de la corte de Justiniano. Estudios preliminares, textos griegos, tra-*

ducciones y notas, Granada, Centro de Estudios Bizantinos, Neogriegos y Chipriotas, 2007. Hay una edición crítica moderna: C. de Stefani, *Paulus Silentiarius. Descriptio Sanctae Sophiae. Descriptio ambonis*, Berlín y Nueva York, W. de Gruyter, 2011.

242   Esta afortunada expresión se localiza en Tucídides, *Historias* I 22, 4: κτῆμά τε ἐς αἰεί. Sobre su sintaxis y significado, véase H. R. Rawlings III, «Ktema te es aiei... akouein», *Classical Philology* 111, 2016, p. 107-116. Su eco llega hasta la novela erótica *Dafnis y Cloe* de Longo (1 *praef.* 3: κτῆμα δὲ τερπνὸν πᾶσιν ἀνθρώποις), habitualmente datada en el siglo II de nuestra era (véase R. Hunter, *A Study of Daphnis & Chloe*, Cambridge, Cambridge University Press, 1983, p. 15 y 48).

243   La reedición data de 1979.

244   Ahora hay que añadir el volumen V: A. Rita (ed.), *Storia della Biblioteca Apostolica Vaticana, vol. V: La Biblioteca Vaticana dall' occupazione francese all' ultimo Papa Re (1797-1878)*, Ciudad del Vaticano, BAV, 2020. Hay dos volúmenes más programados que ilustrarán el período desde 1879 hasta hoy (ver <https://www.museivaticani.va/content/dam/museivaticani/pdf/eventi_novita/iniziative/eventi/2017/78_presentazione_collana_it.pdf> [último acceso 4 de noviembre de 2025]).

245   Johannes Jensius (1671-1755) fue uno de los primeros lingüistas holandeses y llegó a ser rector y profesor en las Universidades de Dordrecht y Róterdam.

246   Michelangelo Ricciolini (1654-1715) fue un pintor italiano del período barroco. Camillo Tinti (1738-1796) fue un grabador italiano afincado en Roma. Pietro Leoni Bombelli (1737-1809) fue un grabador y pintor italiano que se especializó en el grabado de perspectivas arquitectónicas y estampas de devoción. De Filippo Piale apenas se sabe que floreció *circa* 1796 y que ejerció también como editor.

247   Se trata del códice más antiguo dentro de la familia más numerosa de la tradición textual de los libros XXI-XXX de las *Historias* de Tito Livio (véase *supra*).

248   Se trata del impresor parisino Charles-Louis D'Hautel (1780-1843).

249   S. Chardon de la Rochette, *Mélanges de critique et de philologie*, París, D'Hautel, 1812, I, p. 289-290 n. 1.

250   Para la *editio princeps* habrá que esperar a la edición de J.-F. Boissonade, *Nicetas Eugenianus, Drosilla et Charicles*, París, Excudebat A. Bobée, 1819. Antes P. C. Levesque elaboró una edición en 1799 que nunca fue impresa y que hoy se conserva en *Parisinus* suppl. gr. 458 (para la datación, véase f. Aᵛ) (está disponible en línea en <https://gallica.bnf.fr/ark:/12148/btv1b110045759/f10.item>) (véase F. Conca, *Nicetas Eugenianus. De Drosillae et Chariclis amoribus*, Ámsterdam, J. C. Gieben, 1990, p. 22-23 y E. Jeffreys, *Four Byzantine Novels*, Liverpool, Liverpool University Press, 2012, p. 344). Fue traducido al francés por P. Le Bas, *Aventures de Drosilla et Chariclès; traduites du Grec, avec des remarques et les variantes du manuscrit de Rome*, París, chez R. Merlin, 1841. En inglés, véase E. Jeffreys, *cit. sup.*, p. 339-458.

251   Se trata de los versos *AP* II 61-64 y 222-225 [Δάρης... Ἔντελλος δέ].

252   Para un buen resumen sobre las diferentes posturas, véase P. Gómez i Cardó, «A propósito de algunos epigramas atribuidos a Luciano», *Synthesis (La Plata)* 15, 2009, p. 37-57. Véanse también B. Baldwin, «The Epigrams of Lucian», *Phoenix* 29, 1975, p. 311-335, G. Setti, «Gli epigrammi di Luciano», *Rivista di Filologia* 20, 1892, p. 161-200 y la tesis inédita de M. S. Fernández Robbio, *La poesía de un prosista: el corpus de epigramas atribuidos a Luciano de Samosata*, Universidad Nacional de Córdoba, 2001, disponible en línea en <https://dialnet.unirioja.es/servlet/tesis?codigo=375282>, y su *«Lucianea et Pseudo-Lucianea*. Studies on pseudepigrapha of Lucian and works by Lucian sometimes considered spurious»*, en F. Mestre, P. Gómez i Cardó y C. Tolsa (eds.), *La tradición impresa del corpus de epigramas atribuidos a Luciano*, Barcelona, Edicions de la Universitat de Barcelona, 2024, p. 53-74.

253   Salvatore Quasimodo (1901-1968) fue un poeta y periodista italiano que recibió el Premio Nobel de Literatura en 1959. Además de su importante obra original, dedicó también tiempo a traducir al italiano autores griegos (*Odisea*, Sófocles, selección de epigramas de la *Antología Palatina...*) y latinos (Virgilio, Catulo, Ovidio...), junto a autores ingleses, franceses y españoles. Para su labor como traductor de poesía griega, véase L. A. de Cuenca, «Salvatore Quasimodo, traductor de poesía griega», *Thamyris. Cuadernos de cultura clásica* 2, 1997, p. 1-8.

254   Se trata de P. Waltz, *et alii*, *Anthologie grecque*, París, Les belles Lettres, 1928-2011.

255   En castellano ha aparecido un volumen de la que será la primera edición bilingüe de la *Antología Palatina* griego-castellano: B. Ortega Villaró y T. Amado Rodríguez, *Antología Palatina: libros XII, XIV y XV*, Madrid, CSIC, 2021.

256   A los citados cabe añadir algunos publicados en España: M. Fernández Galiano, *Posidipo de Pela*, Madrid, CSIC, 1987, M. González Rincón, *Estratón de Sardes. Epigramas*, Sevilla, Servicio de Publicaciones, 1996, G. Galán Vioque, *Dioscórides. Epigramas*, Huelva, Servicio de Publicaciones, 2001, y la tesis de doctorado inédita de J. L. Pérez Reyes, *Ammianos. Text and Commentary*, Salamanca, 2022.

257   A esta lista hay que añadir el comentario sobre los epigramas de temática funeraria del libro VII de A. Gullo, *Antologia Palatina. Epigrammi funerari (libro VII)*, Pisa, Edizioni della Normale, 2023.

258   Desde la edición de Brunck se acepta la atribución a Leónidas, una hipótesis refrendada por la naturaleza del léxico del epigrama (véanse R. F. P. Brucnk, *Analecta Veterum Poetarum Graecorum*, Estrasburgo, Sumptibus Bibliopolii academici, 1772, I, p. 232 [XLV] y A. S. F. Gow, D. L. Page, *The Greek Anthology: Hellenistic epigrams*, Cambridge, Cambridge University Press, 1965, II, p. 397).

259   En español contamos también con varias traducciones: A. Girri (Barcelona, Seix Barral, 1974), J. Priede (Madrid, Bartleby, 2012), J. López Pacheco (Madrid, Cátedra, 2014), C. G. Aragón (Barcelona: Thule,

2020), H. Vargas Carreño (Bogotá, Editorial Gente nueva, 2020), S. Haug y J. David Curbelo (Madrid, Visor, 2021).

260   Véase J. Velaza, «Texto, censura y poder (y un intento de asesinato): editar a Marcial en los ss. XV y XVI», en A. Moreno Hernández y J. M. Valero Moreno (eds.), *La edición de los clásicos latinos en el Renacimiento: textos, contextos y herencia cultural*, Madrid, Ediciones Complutense, 2023, p. 65-74.

261   En español contamos con la traducción de E. Montero Cartelle, *El Hermafrodito. Antonio Beccadelli, el Panormita*, Madrid, Akal, 2008.

262   Está disponible en <https://www.nuovorinascimento.org/n-rinasc/testi/pdf/grazzini/rime.pdf>. Se trata de una versión revisada por D. Romei de la obra de Antonfrancesco Grazzini (1503-1584), *Le rime burlesche edite e inedite di Antonfrancesco Grazzini detto il Lasca*, ed. Carlo Verzone, Florencia, G. C. Sansoni, 1882 (la obra original está disponible en <https://books.google.es/books?id=HGqAAAAAIAA-J&printsec=frontcover&hl=es&source=gbs_ge_summary_r&cad=0#v=onepage&q&f=false>).